Tessa de Loo
Der Sohn aus Spanien

Tessa de Loo

Der Sohn aus Spanien

Roman

Aus dem Niederländischen
von Waltraud Hüsmert

C. Bertelsmann

Die Originalausgabe erschien 2004 unter dem Titel
»De zoon uit Spanje«
bei Uitgeverij De Arbeiderspers, Amsterdam.

1. Auflage
Copyright © 2004 by Tessa de Loo
Copyright © der deutschsprachigen Ausgabe 2005
beim C. Bertelsmann Verlag, München,
in der Verlagsgruppe Random House GmbH
Satz: Uhl + Massopust, Aalen
Dieses Buch wurde auf holz- und säurefreiem Papier gedruckt,
geliefert von Salzer Papier GmbH, St. Pölten.
Das Papier wurde aus chlorfrei gebleichtem Zellstoff
hergestellt und ist alterungsbeständig.
Druck und Einband:
GGP Media GmbH, Pößneck
Printed in Germany
ISBN: 3-570-00866-5

www.bertelsmann-verlag.de

Pa

Ach, meine liebe Ida, könnte ich nur glauben, dass ich bald bei dir sein werde. Im Himmel werden die Liebenden wieder vereint. Sie sind dann wieder jung und schön, und ihre Liebe währt bis in alle Ewigkeit...

Jahrelang war ich wütend auf dich. Ich hegte einen stillen, verbitterten Zorn, der eigentlich mehr mit dem Schicksal als mit dir zu tun hatte. Nun hänge ich hier am Tropf, und hinter dem weißen Paravent in der Ecke verbirgt sich etwas, das für mich bestimmt ist, im Verborgenen wartet es. Zuweilen döse ich ein, mitten am Tag. Dann gibt es das, was ich als meinen Körper akzeptieren muss, nicht mehr, und mein Geist hat für eine Weile Ruhe. Aber wenn ich aus dem Halbschlaf langsam zu Bewusstsein komme, in dieser vagen Übergangsphase, spüre ich sofort wieder, dass es da ist, fast sichtbar in einem vibrierenden, weißen Flirren des Stoffs. Es stellt das Ende der Dinge dar, und es ist weiß, nicht schwarz, wie man vielleicht denken könnte. Von der Ecke mit dem Paravent aus teilt sich mir eine absolute Verlassenheit mit, eine kreischende, gellende Verlassenheit. Man hämmert mit beiden Fäusten an die Tür des Elternhauses und wird nicht eingelassen.

Dann macht sich meine Sehnsucht auf die Suche nach dir, und es dauert nicht lange, bis es mit deinem Lachen anfängt, einem unbändigen Lachen, und alle drehen sich verärgert um und denken: Muss sie wirklich so unbeherrscht, so hemmungslos lachen? Aber ich rufe beschwichtigend: Sie ist nicht so, wie Sie glauben! Dann kommen deine blauen Augen mit den rebellischen Lichtern darin, der Widerspiegelung von Sonnen, Monden und Milchstraßen, die noch unentdeckt sind. Du nimmst langsam die Gestalt von früher wieder an, und alles passt genau: deine Sommersprossen, dein rotblondes Haar, deine große, schlaksige Statur, alles.

Ich habe dir bei unserem Wiedersehen so viel zu erzählen, Ida, wenn es stimmt, dass du dort oben auf mich wartest. Und du hast natürlich viele Fragen. Wir werden uns streiten, wer zuerst an der Reihe ist. Ladys first, werde ich sagen, denn ich bin ein Mann vom alten Schlag.

Wie es mir geht, willst du sicher wissen. Jetzt aber mal langsam, ich bin gerade erst gestorben, darf ich vielleicht kurz zu Atem kommen? Natürlich, Schatz, soll ich dir etwas Nektar holen? Während ich an dem Getränk nippe und es genieße, dass ich endlich wieder selbst ein Glas zum Mund führen kann, erzähle ich dir von der Krankheit, die mich langsam aufgezehrt hat. Wie zuerst meine Beinmuskeln versagten und ich ständig wie ein Saufbold umkippte. Danach die Armmuskeln. Zuerst werden die Wurzeln angegriffen, dann kriecht es über den Stamm nach oben, und zum Schluss erfasst es auch die Krone. Die Blätter fallen, und das war's. Gibt's auch noch was zu lachen, wirst du fragen, denn du hasst Krankheiten. Nur gut, dass du selbst nicht nach einem langsamen Verfallsprozess gestorben bist.

Wie geht's meinem blauen Hibiskus, wirst du fragen, hast du ihn auch immer gegossen? Ich kenne dich doch, Gerlof de Windt, bei schönem Wetter sitzt du unter einem Baum und liest, statt zur Gießkanne zu greifen.

Um deinen blauen Hibiskus brauchst du dir keine Sorgen zu machen. Der hat all die Jahre genug Wasser und Dünger bekommen und ist immer zur rechten Zeit gestutzt worden.

Ach, Ida, könnten wir uns doch nur zanken so wie früher. Wenn ich nicht so ein verstockter Atheist wäre, würde ich jetzt doch noch gern zum Glauben finden. Wie trostreich wäre es zu wissen, dass du dort oben in deinem schönsten Ballkleid ungeduldig auf mich wartest. Ich liege hier nur und habe niemanden, der mir Gesellschaft leistet. Die Kinder kommen manchmal vorbei mit Blumen und mit Büchern, die ich nicht mehr lesen kann, aber ich sehe ihre Gedanken abschweifen und davonschweben, weg vom Tod nach draußen, wo das Leben ist oder das, was sie dafür halten.

Wäre ich nur zu Hause, dann könnte ich die Bäume sehen, die wir zusammen gepflanzt haben. Ich dachte immer: Wenn ich alt bin, werde ich im Schatten dieser Linde sitzen und zufrieden auf mein Leben zurückblicken. Aber wenn dann Sommer ist, liegt man im obersten Stock eines Krankenhauses, und das Einzige, was man sieht, ist ein eingerahmtes Stück weißer Himmel als Vorbote des Nichts, ein modernes Gemälde ohne Titel. Wenn es doch stimmen würde, dass man von seinen Erinnerungen zehren kann, als wären es Flaschen guten Weins, die nur von außen ein bisschen angeschimmelt sind. Doch sobald ich das Glas an die Lippen setze, erweist sich der Wein als schal, denn es kostet mich sehr viel Mühe, mir noch einmal vorzustellen, wie wir zusammen auf der Bank hinterm Haus saßen. Wahrscheinlich hielten wir Händchen, die Vögel zwitscherten, und du warst schwanger mit Edwin, ein poetisches Bild, aber das dazugehörige Gefühl ist mir abhanden gekommen. Das Einzige, was mir dabei in den Sinn kommt, ist: Wenn ihr wüsstet, was euch bevorsteht, würdet ihr mit dem Geturtel aufhören.

Ich bin ein verbitterter, trübsinniger alter Mann geworden, Ida, ich bezweifle, dass du noch Lust auf mich hättest. Ein Schnaps würde mir wohler tun als all der dünne Tee hier. Nicht mal mit dem Tod vor Augen darf ich etwas trinken, was als ungesund gilt. Als ob noch Hoffnung wäre. Den Tod vor Augen rufe ich: Hol mich doch, du Feigling, alles ist besser, als hier zu liegen und auf dich zu warten.

Hör mal, Ida, hast du dort oben auch noch was anderes für mich außer Nektar? Wenn du mit mir lachen willst, musst du mir schon etwas Gehaltvolleres einschenken.

Wer glaubt denn noch an ein Jenseits? Die Vorstellung von Himmel und Hölle als Belohnung und Strafe hatte Sinn in einer primitiven Phase der Menschheit, um den Menschen ein Bewusstsein von Gut und Böse zu vermitteln, als überall Barbarei herrschte. Die Hölle findet man ohne weiteres hier auf Erden, sonst läge ich nicht hier. Die Ärzte sollten das endlich zugeben und mir meinen Bokma als Medizin gegen den Trübsinn gönnen.

Wenn du noch ein wenig Geduld hast, Ida, dann bringe ich dich zum Lachen. Du wirst lachen, bis du nach Luft schnappst. Wenn du hörst, was alles passiert ist in unserer Familie, wirst du Tränen lachen, denn es ist eine richtige Komödie, mit mir in der Rolle des Hanswursts.

Wäre ich doch zu Hause, dann könnte mir der Nachbarjunge etwas vorlesen. Ein bisschen Montaigne, das würde mir gut tun, zum Beispiel die Passage, wo er Solon zitiert, den berühmten Dichter und Staatsmann aus Athen, der einst König Krösus warnte, dass man keinen Menschen glücklich preisen solle, solange nicht dessen letzter Lebenstag verstrichen sei.

Floor

Ich hätte auch fliegen können, aber ich habe den Bus genommen, um langsam aus meinem kümmerlichen Leben wegfahren zu können und jeden Kilometer zu genießen. Und weil sich Edwin um nichts in der Welt in einen Omnibus setzen würde, ein Transportmittel für Gastarbeiter und Olé-olé-Touristen.

Das hier muss Belgien sein.

Nur in Belgien gibt es diese schmalen Häuser mit den fensterlosen Wänden zu beiden Seiten, als hätten noch Häuser daneben gebaut werden sollen, was dann doch nicht passiert ist, und niemand weiß, warum, bis auf ein paar pensionierte Beamte vielleicht.

Zwei Wände ohne Fenster und Türen, keine Öffnungen nach Osten und Westen. Im Innern die Zukunft, die Vergangenheit geworden ist, eine mit unzähligen Sprüngen überzogene Glaskugel. Es wird Geld verdient und ausgegeben; sich Dinge zu kaufen vermittelt einem die Illusion, mehr Leidenschaft ins Leben zu bringen. »Dieses Badezimmer ist der Höhepunkt von Luxus und Komfort.« »Schwarze Spitze ist erotisch, bestellen Sie aus unserem Dessouskatalog.« Aber schwarze Spitze zeigte wenig Wirkung. Die wertvollsten Dinge kann man nicht kaufen, sie werden einem geschenkt, wenn man am wenigsten damit rechnet. Vielleicht muss man dafür eine gewisse Demut oder Unschuld besitzen.

Die grauen Wolken sind weg. Ich wusste es immer gleich morgens, wenn ich das Fenster öffnete und Edwin aus dem Badezimmer rief, ich hätte wieder die falsche Zahnpasta gekauft, du weißt doch, dass ich empfindliche Zähne habe. Ich stieß das Fenster weiter auf und wusste, dass es wieder ein grauer Tag werden würde und dass die Tage, Monate, Jahre ohne Sinn dahinflossen.

Ich muss immer auf meine Fingernägel schauen. Ohne Lack sehen sie aus, als gehörten sie zu jemand anderem. Sehr nackt, aber sie passen zu dem neuen Lebensgefühl. Eines weiß ich genau: Wenn ich nichts mehr zu verschenken habe, verschenke ich mich selbst. Während sich die Räder unter mir munter über die A1 drehen, erfüllt mich dieser Gedanke mit einem herrlichen Gefühl der Unabwendbarkeit.

Was für ein ulkiges proletarisches Gefühl, in einem Bus zu sitzen. Dort sind schon die ersten Hügel. Und ein Storchennest auf einem Fabrikschornstein; im Frühjahr sind sie hin und her geflogen mit kleinen Zweigen, bei ihnen läuft alles ohne Geld ab. Es gibt keine luxuriösen oder ärmlichen Nester, Vögel brauchen keine Designerküchen oder Whirlpools, ein Nest ist ein Nest, es bietet Wärme und Schutz, und wenn die Jungen groß sind, fliegen sie aus.

Schau mal, die Hügel, würde ich gern zu Steffie sagen, aber sie hat ihre Kopfhörer auf und starrt mit leerem Blick auf die Rückenlehne vor sich. Vielleicht ziehen innere Landschaften an ihr vorüber, die schöner sind als Belgien. Die CD-Hülle liegt auf ihrem Schoß, das Foto eines breit lächelnden Arabers auf dem Cover. Mit Schnurrbart natürlich. Die CD hat ihr Hizaam geschenkt, ein nettes Mädchen. Ohne Kopftuch. Aber man weiß nie, sagt Edwin, ehe man sich's versieht, sind sie verheiratet und laufen herum wie Nonnen im Franziskanerkloster. Edwin spricht noch immer aus mir heraus. Jahrelang hat er Dampf abgelassen und meinen Kopf mit Worten gefüllt. Ein Mann muss irgendwo hinkönnen mit den Gedanken, die ihm durch den Kopf gehen, dachte ich, mit den Beulen und blauen Flecken, die er sich holt, sonst explodiert er vor lauter Zynismus. Ich hoffte immer, dass er eines Tages den Kopf in meinen Schoß legen und in Tränen ausbrechen würde, aber stattdessen wurde er immer schweigsamer.

Zur Musik eines Arabers mit einem Schnurrbart vor sich hin zu träumen, ist Steffies Art, alles Geschehene zu vergessen.

Ich fühle mich, als hätte ich einen Schwarm Sommermücken im Kopf, wie man sie manchmal am Spätnachmittag in einem staubigen Bündel Sonnenstrahlen sieht. Summend umtanzen sie einander.

Es gibt Menschen, die geben, und Menschen, die nehmen. Bei meiner Geburt war vorgesehen, dass ich zu den Nehmenden gehören würde, aber durch die Umstände wurde ich zu jemandem, der gibt. Um mir Respekt zu erwerben, denn man sah in mir etwas Gefährliches, etwas Animalisches, etwas, was die Ordnung der Dinge stört.

Wie stickig es hier im Bus ist. Ich ziehe die Jacke aus und lege sie auf meinen Schoß. Ist den anderen Fahrgästen auch so warm? Der Mann schräg vor mir hat seine Kunstlederjacke ausgezogen. Man sieht seinen Nacken und seine Goldkette, und hinter ihm schieben sich die Wälder und Dörfer Belgiens vorbei.

Erst habe ich dem einen Bruder den Kopf verdreht, dann dem anderen. Ich musste mich rund um die Uhr anstrengen, um dieses Image wieder loszuwerden, aber für ein anständiges und ordentliches Leben wird man mit Leere und mangelnder Selbstachtung bestraft. Ich glaube, dass wir für dieses Leben alle eine auf die eigene Person zugeschnittene Menge an Erlebnissen mitbekommen. Ich war noch keine zwanzig, da hatte ich meine Ration schon fast verbraucht. Alles geschah gleichzeitig, ich ließ mich von den Geschehnissen treiben wie von Wogen in der Brandung, und dann war es plötzlich vorbei. Ich hatte alles weggenascht. Ehe ich mich besinnen konnte, lebte ich zwischen vier soliden Wänden, die mir gehörten und auch wieder nicht, denn wenn man nicht wirklich lebt, kann man auch nichts besitzen.

»Du warst zu verführerisch«, sagt meine Freundin

Olga, »das können die Leute nicht ausstehen. Es raubt ihnen ihre Sicherheiten.«

Ich sehe das nicht so. Man kann sich nicht von seinem Äußeren und seinen Handlungen lösen und wie ein Außenstehender darüber urteilen.

Jahrelang habe ich geglaubt, dass die Zukunft für mich nichts mehr zu bieten hätte. Ich wusste nicht, dass es noch einen geheimen Vorrat gab, in einer fest verschlossenen Kiste, zu der nur Bardo einen Schlüssel besaß. Den trug er mehrere Jahrzehnte bei sich, einmal quer durch die Wüste und wieder zurück nach Europa, von Frankreich nach Italien und Spanien, von einer Freundin zur nächsten, da bin ich mir sicher. Schließlich ist er zurückgekehrt, um das Schloss zu öffnen.

Ohne diese eine beiläufige Bemerkung von Hilde wäre alles beim Alten geblieben. Es schien, als wäre sie mit den Gedanken ganz woanders, als sie sagte: »Wir könnten Bardo einladen.«

Nicht dass ich bei dem Gedanken etwas Besonderes empfunden hätte. Kein Prickeln, kein Herzklopfen. Der Name Bardo klang wie das Echo eines Echos, wie der Name eines Menschen, den man einmal gekannt hat, der aber so abstrakt geworden ist wie ein Toter.

Ein letztes Mal sollte Geburtstag gefeiert werden; wir schmiedeten Pläne für das Fest. Von Edwin und Frank war nichts zu erwarten, also ruhte die Verantwortung auf unseren Schultern. Das Prekäre an einem letzten Geburtstag ist, dass er gelingen muss. Er muss ein durchschlagender Erfolg werden, für den, der sterben wird, und für die, die am Leben bleiben. Man spürt den Druck des Außergewöhnlichen, das Verbot zu scheitern. Hilde zieht in ihrer Verzweiflung alle Register, und Bardo schnellt wie ein Springteufelchen hervor. Hilde lässt seinen Namen fallen, als wäre es der eines Künstlers, den man einlädt, damit nicht so auffällt, dass die Familienmitglieder einander nichts zu sagen haben. Dieser Auftritt, der von etwas anderem ablenkt, könnte der Besuch Bardos sein.

»Bardo...«, wiederholte ich. Nicht einmal, als sein Name zum ersten Mal nach so vielen Jahren über meine Lippen kam, empfand ich etwas Besonderes. »Glaubst du, dass Pa das verkraftet... jetzt...?«

»Gerade jetzt«, sagte Hilde mit einem Anflug von Todesverachtung, »sie könnten sich miteinander versöhnen, ehe es zu spät ist.«

Ich sehe uns noch dort sitzen, nebeneinander auf dem Sofa. Ich starre sie an. Das Wort »Versöhnung« scheint, sobald Hilde es ausgesprochen hat, schon immer in der Luft gehangen zu haben. Es hat all die Jahre geduldig darauf gewartet, eines Tages, an dem einzigen richtigen Tag, laut ausgesprochen zu werden. Und jetzt steht es plötzlich im Raum wie etwas ganz Normales und Selbstverständliches. Natürlich konnte es nur aus Hildes Mund kommen. Hilde hat so viele Väter und Mütter anderer Menschen am Hals. Und dazu die Brüder, Schwestern, Geliebten, Exgeliebten, Personalchefs und Kollegen all ihrer Klienten. Sie hängt wie eine Fliege im Netz fremder Verhaltensmuster und Komplexe. Es gelingt ihr immer wieder, sich davon zu lösen, und doch bleibt nach jeder Sitzung etwas von der klebrigen Substanz an ihr haften. Ungewollt nimmt sie es mit nach Haus, eines Tages wird sie davon völlig bedeckt sein und sich nicht mehr regen können. Wenn ein so biblisches Wort wie »Versöhnung« Hilde zu finden wusste, die wie kein anderer Mensch alles von Vätern und Söhnen weiß, kann man schwerlich etwas dagegen einwenden. Außerdem ist sie diejenige, die all die Jahre mit Bardo mehr oder weniger in Kontakt geblieben ist. Sie hat gewissermaßen ein Monopol auf ihn, und sie ist die Einzige, die seinen Namen mit dem Wort »Versöhnung« in Verbindung bringen kann.

»Ich meine, dass es nicht nur für Pa gut wäre. Auch für Bardo wäre es eine letzte Chance. Er hat das Recht darauf zu erfahren, dass sein Vater todkrank ist.«

»Aber die anderen…«, entgegne ich zaghaft. Ich denke an Edwin. Zwei Gesichter auf einem zufällig in Mutters Kommode gefundenen Foto. Eines, in das man sich auf der Stelle hätte verlieben können, das andere mit einer Brille und… schwer zu sagen, was es war, etwas von unbekannten Vorfahren vielleicht, jedenfalls spürte man, dass man auf der Hut sein musste.

»Du meinst Edwin.« Hilde sieht mich müde an. »Er braucht Bardo schon lange nichts mehr vorzuwerfen, würde ich sagen. Außerdem… es ist so lange her.«

Ich nicke. So lange her. Ich denke an all die Jahre zwischen damals und heute. Könnte ich sie mit einem einzigen, flüchtigen Blick überschauen, oder ist das ebenso unmöglich, wie den eigenen Schatten vom Boden aufzuheben?

»Weißt du, wo du ihn erreichen kannst?«, frage ich. Eine Spur von Aufregung, mit der ich mir keinen Rat weiß, schwingt plötzlich in meiner Stimme mit. Ich weiche Hildes Blick aus und betrachte meine Fingernägel. Er mochte keinen Nagellack.

»Ich habe seine Handynummer. Vor einem Monat war er noch in Sevilla.«

Wir besprechen noch andere Einzelheiten der Geburtstagsfeier, die Blumen, das Essen, die Geschenke. Edwin und Frank müssen eingeweiht werden. Pa nicht, für ihn muss es eine Überraschung werden. Mit einem Mal scheint das Problem des Fests gelöst, als sei da die ganze Zeit eine Blockade gewesen, die nun, durch die Möglichkeit von Bardos Besuch, durchbrochen ist. Alles gerät in Fluss, wir spüren beide ein seltsames Gefühl der Erleichterung. Es wird etwas geschehen, es tut sich etwas. Ohne zu wissen, was ihm bevorsteht, hat Bardo jetzt schon die Regie des Festes von uns übernommen. Mehr noch, er *ist* das Fest.

Pa

Die Gemeindeschwester haben sie telefonisch abbestellt, an meinem Geburtstag wollten die Kinder keine fremden Leute im Haus. Mit der Folge, dass ich tausend Tode starb, als ich über dem Toilettenstuhl hing, an einem lächerlich unästhetischen Apparat, der Hebelift heißt. Wie ein Autowrack an einem Hebekran hing ich dort vor den Augen meiner eigenen Tochter. Das ist das Ende, sagte ich mir, das bin nicht ich. Ich bin nicht mehr eins mit meinem Körper, der es darauf anlegt, mir auch noch meine Würde zu nehmen. Hiermit erkläre ich meinem Körper den Krieg, wir können unmöglich befreundet bleiben.

So begann dieser denkwürdige Tag, Ida, der für mich noch viele Überraschungen in petto hatte. Da denkt man sich: Ich bin alt und krank, ich habe meine Pflichten erfüllt, nun kommt die Belohnung. Aber nichts da, Ida, nicht in diesem Leben.

Ich würde meine Gedanken gern einmal für eine Weile abstellen. Innerliche Ruhe und Stille, das ist mir ein Bedürfnis. Stattdessen höre ich im Kopf ständig meinen eigenen Tonfall, meine Diktion und Intonation, immer denselben Sender mit immer demselben Programm. Es ist unmöglich, durch eine Willensanstrengung angenehme, milde Gedanken zu bekommen, von denen man sich davontragen lassen kann.

Du glaubst doch nicht etwa, dass ich mich selbst bemitleide? Und selbst wenn? Wo es ja sonst niemand tut. Ich soll dich zum Lachen bringen, sagst du, na gut.

Sie hatten das Zimmer geschmückt, und überall standen Vasen mit Blumen. Der Rollstuhl wurde ans Fenster gestellt, damit ich hinausschauen konnte. Und dort sah ich an diesem trüben Maitag, an dem sich die Zweige der Sträucher unter dem Gewicht der Regentropfen bogen, mich selbst als jungen Mann, vor Gesundheit strotzend, wie ich voller Eifer den Garten umgrub. Hin und wieder richtet er sich auf, wischt sich mit dem Taschentuch den Schweiß von der Stirn und schaut sich vergnügt um. Hör lieber auf, rufe ich ihm zu, hör auf mit dem idiotischen Gegrabe und schone deine Muskeln! Stell den Spaten in den Schuppen und lass der Natur ihren Lauf. Früher oder später macht sie ohnehin, was sie will, die Natur.

»Ich hätte gern einen Klaren«, sage ich.

»Du weißt genau, dass du keinen Schnaps trinken darfst.« Hilde ist in diesem Punkt kompromisslos.

»Sogar zum Tode Verurteilte bekommen eine Henkersmahlzeit«, protestiere ich, »gönn einem Mann, der im Sterben liegt, doch seinen kleinen Seelentrost.«

Ohne Alkohol bringe ich es nicht fertig, das Spiel meines Geburtstags mitzuspielen, hoch soll er leben, und das Opfer gut gemeinter Aufmerksamkeiten zu sein. Wie kann ich ihnen bloß klar machen, dass ich schon zehnmal tot gewesen bin und zehnmal auferstanden wie Lazarus, dass ich sie mit dem scharfen Blick eines Kindes beobachte und alles sehe.

»Du liegst nicht im Sterben«, sagt Hilde gelassen.

»Ich beabsichtige, grandios und anspruchsvoll zu sterben«, verkünde ich, um ihr einen gehörigen Schrecken einzujagen. »Ihr sollt euch für mich abrackern. Ohne mich wärt ihr gar nicht auf der Welt.«

Hilde seufzt. »Pa, die Zeiten haben sich geändert. Wir haben heute viel zu viel um die Ohren. Ich mach dir jetzt einen Tee.«

»Schnaps, schenk mir einfach einen Schnaps ein.«

Floor zieht die Tür des Küchenschranks auf, der noch von deiner Urgroßmutter stammt, und geht in die Hocke, um im untersten Fach etwas zu suchen.

»Zu dieser Tageszeit!«, sagt Hilde murrend.

»Stärkungswein…« Langsam richtet sich Floor auf, in der Hand eine dunkelgrüne Flasche. Sie sieht aus, als könnte sie den Inhalt dringend selbst gebrauchen, ganz blass.

»Stärkungswein! Du lieber Himmel!«, sage ich. »Na gut, immer noch besser als Tee. Und wo bleibt Edwin?«

Floor nimmt ein Glas aus dem Schrank und dreht den Schraubverschluss von der Flasche. Eine alltägliche Handlung, die man ohne nachzudenken verrichtet, wenn einem die Muskeln der Hände und Arme noch gehorchen, hochheben, drehen, einschenken, abstellen. Millionen Handlungen in einem Leben, der Körper eine Maschine, die immer funktioniert, bis plötzlich ein Defekt auftritt und der Monteur, ölverschmiert, zugeben muss, dass eine Reparatur nicht mehr möglich ist, Materialermüdung, wissen Sie, unser Können hat Grenzen, das Perpetuum mobile hat man noch nicht erfunden.

»Der holt Steffie vom Geigenunterricht ab. Danach kommen sie hierher, mit den Geschenken.«

»Was soll ich mit Geschenken, ich habe keine Zukunft mehr.« Unmerklich, richtig heimtückisch, löst sich mein Körper in nichts auf, jeden Tag ist ein Gramm weniger von mir da. Der große Verschwinde-Zaubertrick. Als Kind war ich verrückt auf Zauberkünstler. Das fortgezauberte Waisenmädchen: Eine junge Dame wird auf die Bühne gebeten und löst sich in nichts auf. Ihr Verlobter fragt sich heimlich, ob er sich Sorgen machen muss…

Ich rede und rede, angeregt von dem widerlich süßen Kräuterelixier. Floor, die in diesem Punkt entschieden mehr Mitgefühl hat als Hilde, führt mir immer wieder das Glas an die Lippen. Ich habe das verzweifelte Bedürfnis, mich mitzuteilen; solange ich am Wort bin, lebe ich. Später wird es heißen: Was er sagte, war gar nicht so falsch, er hinterließ ein Erbe in Form von Worten, Erkenntnissen und Weisheiten. Denn sonst werden sie sich an nichts mehr festhalten können. Sie wissen es noch nicht, aber nach meinem Tod werden sie den Launen der modernen Zeit ausgeliefert sein. Es gibt keinen moralischen Rahmen mehr, nur noch einen amorphen, weltweiten Materialismus.

Ich werde von der Haustürklingel unterbrochen. Hilde öffnet, und die seidenweiche Stimme Franks dringt in den Raum, guten Tag, ihr Lieben, Glückwünsche euch allen. Er will mich mit einem Kuss begrüßen, aber ich drehe den Kopf weg. Das kann ich zum Glück noch. Er versucht es jedes Mal, er treibt Missbrauch mit meiner Krankheit.

»Pa, alles Gute zum Geburtstag!«

Verzeih mir, Ida, ich werde nun mal immer noch nicht gern von einem Mann geküsst, auch wenn es unser jüngster Sohn ist, ein Löffelchen für Mama, ein Löffelchen für Papa, ein Löffelchen für Calimero, das niedliche Küken aus dem Kinderprogramm. Er fällt mit einem riesigen Blumenstrauß über mich her, und natürlich ist auch diesmal keine normale Blume dabei.

»Mein letzter«, sage ich, um ihn in seinem lästigen Überschwang zu bremsen.

»Von wegen, Pa, du wirst hundert. Wo finde ich eine Vase?«

Er steckt die langen Stiele in die Vase aus Delfter Porzellan, die wir schon seit unserer Hochzeit besitzen, weißt du noch? Ein Geschenk von einer Tante, die auch längst tot und begraben ist, die Gegenstände überleben uns. Er ordnet die Blumen und sieht sich nach einem passenden Ort dafür um, in höchster Konzentration geht er durchs Zimmer, als gäbe es auf der Welt nichts Wichtigeres als die Suche nach dem optimalen Platz für einen Strauß affektiert aussehender Blumen. Erst stellt er die Vase auf den Esstisch und dann aufs Büfett, neben dein Foto. Er tritt ein paar Schritte zurück, um die Wirkung zu beurteilen. Offenbar ist er zufrieden, denn er lässt sich aufs Sofa fallen und streicht sich eine auffällig blonde Strähne aus der Stirn.

»Na, wie fühlst du dich an diesem großen Tag, Pa?«

Dieser Ton! Die Überlegenheit darin, des Gesunden gegenüber dem Kranken, der Jugend gegenüber dem Alter, der Zukunft gegenüber der Vergangenheit.

»Was für ein großer Tag? Jetzt hör mal, ich lass mich von euch nicht infantilisieren. Ich bin nicht plötzlich geistig behindert, weil ich krank bin. Hier oben ist noch alles in Ordnung. In geistiger Hinsicht stecke ich euch noch alle in die Tasche!«

»Mein Gott, Pa«, sagt Hilde, »Frank fragt doch nur, wie es dir geht. Mensch, was bist du braungebrannt!«

Die Aufmerksamkeit der Frauen richtet sich nun auf seine bronzefarbene Haut, sie wissen, was ihm gebührt. Die Haarsträhne, der Teint. Genau die richtige Menge Wasserstoffperoxid, der richtige Lichtschutzfaktor.

»Wir hatten eine Fotosession im Atlasgebirge. Der

Berber-Look. Das wird der Renner in diesem Sommer. Phantastische Stoffe, Schmuckstücke, Sandalen, Kajalränder um die Augen.«

Verzeih mir, Ida, ich musste einfach das Blattgold herunterblasen: »Der Berber-Look! Womit sich ein Mann nicht alles beschäftigen kann!«

»Das Geld stimmt, und man sieht was von der Welt«, sagt Frank herablassend.

»Das Geld stimmt. Darum dreht sich heutzutage alles. Zu meiner Zeit war man wer, wenn man seine Klassiker kannte.«

Weißt du, was er daraufhin macht, unser Jüngster, unser Benjamin, pass auf, dass du nicht fällst, und gib das schöne Händchen? Er nimmt das halb geleerte Glas Stärkungswein, das Floor auf den Tisch gestellt hat, hebt es auf Augenhöhe und deklamiert in getragenem Ton: »Es ist Zeit, dass wir gehen: ich, um zu sterben, und ihr, um zu leben. Wer von uns zu dem besseren Geschäft hingehe, das ist allen verborgen außer den Göttern.« Dann setzt er würdevoll und in gefasster Haltung das Glas an die Lippen und leert es mit ein paar Zügen. Er greift sich ächzend an den Magen, krümmt sich und fällt mit Zuckungen aufs Sofa, wo er seinen Geist aushaucht und ein friedvoller, ja fast anmutiger Toter wird, mit seiner Haarsträhne und so weiter eher ein Werther als ein Sokrates, wenn du verstehst, was ich meine.

Floor lacht bewundernd. Hilde runzelt die Stirn, sie lässt sich nicht einwickeln, sie durchschaut alles. Mit seiner Sokrates-Imitation teilt Frank uns mit, dass er nicht jemand von der Straße ist, und zugleich macht er sich lustig über das Kulturgut, das wir ihm in seiner Jugend nahe gebracht haben. Dahinter aber verbirgt sich die nicht misszuverstehende Botschaft, dass meine Zeit vorbei ist und mir nichts anderes bleibt, als mild und in Würde zu sterben.

Das Schlimmste ist, dass ich fast darauf hereingefallen wäre, du sicher auch, er sah sehr überzeugend aus, wie er da im Sterben lag, um mir eine Lektion zu erteilen. Ich war getroffen und schockiert, und weil ich nicht wusste, was ich sagen sollte, sagte ich etwas anderes, eine feige Ausflucht, zugegeben.

»Du hast einiges gelernt, ja, es bleibt immer etwas haften, du bist nicht ungebildet. Dank mir, weil ich dir Beine gemacht habe. Aber was machst du mit deinem Wissen? Der Berber-Look! Halbnackte Mädchen mit Ringen im Bauchnabel, die lasziv in die Linse schielen. Ein Kerl mit ein wenig Selbstachtung verdient damit doch nicht sein Brot.«

Frank steht in aller Ruhe vom Sofa auf, streicht seine Kleidung glatt und stellt das Glas behutsam wieder auf den Tisch. »Ich strebe es mitnichten an, ›ein Kerl‹ zu sein.«

»Was wir auch tun, nie ist es gut genug«, schmunzelt Hilde.

Und da klingelt es wieder. Mein Gefühl sagt mir, dass es ein langer Tag werden wird, ein sehr langer Tag, und dass es schwierig werden wird, mich dem

Druck meiner Nachfahren zu widersetzen. Wenn ich noch einmal auf die Welt komme, möchte ich ein Vogel sein, hast du oft ausgerufen, wenn dir unsere Familie zu viel wurde. Vielleicht war dieser Wunsch gar nicht so töricht, wie ich immer gedacht habe.

Edwin kommt mit Steffie herein. Er trägt zwei volle Einkaufstaschen, die in seltsamem Kontrast stehen zu Nadelstreifen und Schildpatt, seinem Anzug und seinem Brillengestell. Steffie sucht einen sicheren Platz für ihren Geigenkasten. Ein langer Tag, ja.

Steffie

Genug. Ich nehme die Minikopfhörer aus den Ohren und stelle den Discman ab. Meine Mutter schläft. Ihr Kopf ist ein wenig zur Seite gerutscht, sie sieht ungewöhnlich glücklich und entspannt aus, obwohl sie für diese Reise ins Unbekannte alles aufgegeben hat.

Draußen gibt es nicht viel zu sehen. Kornfelder bis zum Horizont. Die Kornkammer Frankreichs, habe ich in der Schule gelernt. Aber am Ende von tausend Kornfeldern wartet mein Onkel auf uns. Manchmal ähnelt er ein wenig Sting, meist aber sehe ich ihn als den Großen Unbekannten vor mir, der an Großvaters Geburtstag umgeben von Vogelgezwitscher hereinspazierte und nach dessen Besuch alles anders wurde.

Ich wusste nicht, dass er kommen würde. Niemand hatte es mir gesagt. So ist das immer, sie ziehen ihr Ding durch und machen sich nicht die Mühe, mir etwas zu erklären.

Ich umarme Opa und wünsche ihm ein ganz, ganz langes Leben. Die Umarmung bleibt ohne Erwiderung, denn die Krankheit ist schon so weit fortgeschritten, dass er die Arme nicht mehr heben kann.

Während ich ihn auf die schwammigen Wangen küsse, was schon ein bisschen gruselig ist, kann ich mir gar nicht vorstellen, dass er an seinem nächsten Geburtstag nicht mehr leben wird. Ich habe schreckliches Mitleid mit ihm, denn wenn ich ihm in die Augen blicke, sehe ich, wie jung er ist, vielleicht sogar jünger als mein Vater.

»Guten Tag, kleine Maus«, sagt Opa und küsst mich auch, denn küssen kann er noch.

Dann umarme ich meine Tante und meinen Onkel und wünsche ihnen ein ganz, ganz langes Leben für Opa. Onkel Frank hält mich auf eine Armlänge Abstand und mustert mich, als ob ich ein Gegenstand wäre.

»Du würdest dich nicht schlecht machen vor der Kamera«, sagt er. »Lange Beine, hohe Wangenknochen und diese süßen Sommersprossen auf der Nase.«

»Setz ihr keine Flausen in den Kopf«, ruft mein Vater, »sie steht schon oft genug vor dem Spiegel.«

Ich ignoriere ihn und frage in nüchternem Ton: »Was bringt es denn ein?« Man muss cool bleiben. Wenn es ihnen nur um den Körper geht, muss man vor allem cool bleiben.

»Was?«, fragt Onkel Frank.

»Na, als Fotomodell zu arbeiten. Was bringt es ein?«

»Äh... kommt drauf an. Ein Topmodel macht in wenigen Jahren ein Vermögen.«

»Und mit wie vielen Männern muss man ins Bett, wenn man Topmodel werden will?« Hizaam hatte sich einmal auf eine Anzeige gemeldet und musste sich nach dem Fototermin von ihrem Taschengeld das Jungfernhäutchen reparieren lassen.

»Steffie, schäm dich«, sagt mein Vater, »du bist hier nicht unter deinen Freundinnen.«

Mein Vater zieht eine Flasche Bokma aus der Einkaufstasche, und Tante Hilde ruft schockiert: »Eine ganze Flasche?« Mein Blick schweift durch das Wohnzimmer, in dem mein Vater ein kleiner Junge gewesen ist, obwohl man sich das bei jemandem wie ihm kaum vorstellen kann. Überall stehen Vasen mit Blumen, fast sieht es so aus, als sollten sie etwas verdecken. Ich mag Geburtstage nicht. Auf Opas Geburtstagskalender stehen in Omas Handschrift lauter Namen von Leuten, die längst nicht mehr leben. Sogar nach dem Tod kann man noch Geburtstag haben, was beweist, dass die ganze Sache mit den Geburtstagen unsinnig ist. Tante Hilde hat Opa einmal zu Omas Geburtstag gratuliert. Auch dir herzlichen Glückwunsch, sagte er, zu deiner Mutter. Danach waren sie beide niedergeschlagen gewesen, weil Oma an dem Tag zwischen zwei Linien auf dem Kalender geboren, aber inzwischen auch wieder gestorben war.

»Wann kommt er?«, höre ich Onkel Frank leise Tante Hilde fragen.

»Er kann jeden Augenblick hier sein«, flüstert sie und klatscht in die Hände, als handle es sich um einen Kindergeburtstag, »und jetzt die Geschenke!«

Sie tun sehr geheimnisvoll. Ich habe noch nicht durchschaut, dass meine Tante in diesem Augenblick die Geschenke benutzt, um zu verbergen, dass es noch eine geheime Überraschung gibt. Opa sträubt sich, er will keine Geschenke. Trotzdem treten wir der Reihe nach auf ihn zu. Ich wickle die CD, die ich für ihn ausgesucht habe, aus dem Papier und entferne auch die Zellophanhülle.

»Die Vögel des Waldes«, liest Opa und zieht die Augenbrauen zusammen. Sein Protest gegen Geschenke dauert noch an.

»Echte Aufnahmen von Vögeln im Wald«, sage ich, »ich lege sie für dich ein.«

»Lass mich nur«, sagt Onkel Frank, und kurz darauf ist das Zimmer mit dem Gesang und Gezwitscher von Vögeln erfüllt, als ob es doch ein richtiges Fest werden würde.

»Eine Amsel«, sagt Opa. Sein Gesicht entspannt sich. »Eine Nachtigall! Und eine Ringeltaube.«

Er weiß alles über Vögel. Früher zog er mit einem Fernglas in die Natur, und wenn sich die Vögel nicht von allein zeigten, pfiff er sie mit ihrem eigenen Lockruf herbei. Wo für andere Menschen nicht mehr als kleine Punkte am Himmel zu erkennen waren, da erkannte er Arten und Schwarmformationen, die den Wechsel der Jahreszeiten anzeigten. Wenn ich mit ihm durch den Wald ging, blieb er manchmal plötzlich stehen und legte den Finger auf die Lippen. »Pssst…«, flüsterte er dann und sah mich geheimnisvoll an, als würde sich im nächsten Augenblick ein großes Geheimnis offenbaren. »Fasane!«

Wie viele Brote entstehen aus einem Kornfeld? Wie viele Getreidekörner sind in einem Baguette? Es ist eine seltsame Vorstellung, dass wir uns von allem, was uns einmal vertraut gewesen ist, endgültig entfernen. Wirklich endgültig? Endgültig, hat meine Mutter bestätigt. Dabei hat sie einen weiteren Knopf an ihrer Seidenbluse geöffnet, so dass der Brustansatz zu sehen war. Dieser zusätzliche Knopf sagte mir, dass es Ernst ist.

Mein Geschenk war mit Abstand das beste, obwohl sich nicht jeder so darüber freute wie Opa. Meine Mutter ging rastlos hin und her, Tante Hilde schaute immer wieder auf die Uhr, mein Vater nahm sich eine Zeitung. Sie könnten sich wirklich ein bisschen mehr Mühe geben, dachte ich.

Ich hatte die Klingel nicht gehört. Abrupt steht meine Tante auf und geht in den Flur. Meine Mutter beginnt, nervös leere Kaffeetassen zu stapeln, und mein Vater legt mit eisiger Selbstbeherrschung die Zeitung beiseite.

Ein unbekannter Mann tritt ins Zimmer, sieht sich entspannt um, als wäre er inmitten des Vogelgezwitschers in seinem natürlichen Element. An der unniederländischen Farbe seiner Haut sieht man, dass er aus einer anderen Klimazone kommt, es scheint, als würden all die Sonnenstunden von ihm abstrahlen und an diesem regnerischen Tag das Zimmer erhellen. An den Linien in seinem Gesicht ist zu erkennen, dass er nicht so jung ist, wie man denken könnte, aber weil sie genau zu ihm zu passen scheinen, wirkt er zugleich alterslos. Sein sonnengebleichtes, an den Schläfen ergrautes Haar hat er im Nacken zusammengebunden. Unwillkürlich sehe ich meinen Vater an. Wegen solcher Typen geht unsere Gesellschaft langsam zugrunde, würde er normalerweise sagen. Aber er mustert den Eintretenden mit unbewegter Miene. Nicht einmal die ungeputzten Stiefel und die Schlabberhose aus ockerfarbener Baumwolle scheinen ihn zu stören.

Der Mann bleibt mitten im Zimmer stehen. Er lächelt, und alle Linien in seinem Gesicht lächeln mit, so als würde dieses Lächeln ihn überallhin begleiten und nie von seinem Gesicht weichen. In der Tanzstunde war ein Junge aus Surinam, der hatte auch so ein Lächeln. Er verschenkte es pausenlos, ohne dass der Vorrat, aus dem er schöpfte, kleiner wurde.

Der Mann küsst meine Tante, meine Mutter und Onkel Frank. Oder nein, sie gehen auf ihn zu, und er erwidert ihre Begrüßungsküsse, umfasst dabei familiär ihre Oberarme. Dann geht mein Vater resolut auf ihn zu, küsst ihn aber nicht. Ich stehe daneben und beobachte die beiden Männer beim Händeschütteln, es erinnert mich an Politiker, die wie grinsende Krokodile vor den Fernsehkameras eine diplomatische Show zum Besten geben. Das ist beunruhigend, aber ich habe keine Zeit, darüber nachzudenken, denn meine Mutter stupst mich in den Rücken und sagt: »Willst du deinen Onkel nicht begrüßen?«

So geht es immer. Nie erzählen sie mir was. Plötzlich steht man einem Onkel gegenüber, der genauso lächelt wie Dennis, und dann soll man auf Anhieb wissen, wie man sich verhält.

»Bardo, das ist Stefanie«, sagt meine Mutter. Wie übertrieben, mich Stefanie zu nennen, nicht Steffie. Als würde sie mich auf einem Tablett anbieten, wie ein Päckchen mit einer roten Schleife. Was den Inhalt angeht, tappe ich jedoch im Dunkeln. Ihrem mehrdeutigen Lächeln nach zu urteilen, muss er eine besondere Bedeutung für sie haben.

»Das Leben steckt voller Überraschungen«, sagt mein Onkel und mustert mich aufmerksam. Seine Stimme vibriert durch mich hindurch, eine Stimme, von der man sich davontragen lassen könnte, weit weg. »Voller angenehmer Überraschungen!« Er küsst mich, und ich fühle mich plötzlich ganz neu. Dann dreht er sich zu Opa um, ich denke: Aber eigentlich geht das nicht, einen Onkel zu haben mit so einem Pferdeschwanz, man könnte sich nie mit ihm zusammen zeigen. Barkeeper tragen das Haar so und alte Hippies und Globalisierungsgegner.

Mein Onkel bleibt vor dem Rollstuhl stehen. Jemand stellt den CD-Player ab, und sofort entsteht eine unbehagliche Stille.

»Guten Tag, Pa«, sagt er.

Opa sieht uns verärgert an und würdigt den Mann,

der vor ihm steht, keines Blickes. »Wer ist dieser komische Heini?«

»Bardo, Pa«, sagt Tante Hilde, nun plötzlich ganz ruhig. »Er ist extra aus Spanien gekommen, um dir zum Geburtstag zu gratulieren.«

»Dieser... Kasper? Nein...«, Opa schüttelt den Kopf und hustet herablassend, »... den kenne ich nicht.«

Der Onkel mit dem Pferdeschwanz tritt noch einen Schritt vor und legt die Hände auf Opas Schultern.

»Pa, lass dir einen Kuss geben.«

In Opa steckt viel mehr Energie, als man glauben könnte. Mit einer ausweichenden Geste zieht er den Kopf zurück. »Komm mir bloß nicht zu nahe!«

»Es culpa mia«, sagt der Onkel, der sich besser nicht bei uns an der Schule zeigen sollte, »ich versteh schon, Pa, du fühlst dich ein wenig überfallen.«

Er hebt die Hände wie ein Heiliger auf einem Andachtsbildchen und scheint sich mit der Situation abzufinden, denn er nimmt seinen kleinen Rucksack ab und setzt sich neben meiner Tante aufs Sofa.

»Ein Schnaps, ich will noch einen Schnaps!«, ruft Opa.

»Es ist nicht gut für dich, wenn du so viel trinkst«, sagt Tante Hilde, »dann musst du immer husten.«

Aber Opa lässt nicht locker: »Mein geplagter Körper braucht dringend einen Schnaps, Floor, schenk mir noch mal ein.«

Meine Mutter steht gehorsam auf und gießt das Glas halb voll. Sie ist ganz durcheinander, das sehe ich an ihren Bewegungen und ihrem ausweichenden Blick.

»Trink du doch auch einen«, rät ihr Onkel Frank, aber meine Mutter schüttelt den Kopf. »Na los, Mädchen, das befreit die Brust.«

Ich sehe den stabilen, vorgeformten Bügel-BH vor mir, in den ihr schöner Busen jeden Morgen eingeschlossen wird. Ein Zustand, an dem nicht mal ein Liter Genever etwas ändern könnte.

»Habt ihr keinen Rotwein«, fragt der neue Onkel, »so einen dunklen, mit viel Sonne darin?«

Seit er Opa aus der Fassung gebracht hat, sehe ich ihn mit anderen Augen. Tante Hilde verschwindet in der Küche, ich blicke von einem zum andern, das Fest will nicht richtig in Gang kommen. Im Innern der Festgäste hat etwas zu brodeln begonnen. Man kann die Spannung fast sehen, über ihren Köpfen hängt eine Wolke, ungefähr wie der Atompilz nach der Bombe, und sie alle sitzen darunter, ohne Kontakt mit dem Himmel. Der blaue Himmel, den mein Onkel aus Spanien zurückgelassen hat, um seinen Vater zu besuchen. Warum benimmt sich Opa so feindselig? Auch wenn man stirbt, kann man sich doch etwas beherrschen? Meine Tante kommt mit einer offenen Flasche und Gläsern zurück. Sie schenkt allen ein, und Onkel Frank prostet Opa munter zu: »Auf deine Gesundheit, Pa!«

»Auf das Wiedersehen!«, sagt Tante Hilde mit einem schiefen Lächeln, das Opa gilt.

»Salud!«, sagt der Onkel aus Spanien.

Ich nippe an dem herben Rotwein und denke: Könnte ich nur von hier verschwinden. Oder mich auf dem Sofa ausstrecken mit meinem Discman und mir »Aisha« von Khaled anhören. Dabei kriege ich immer eine Gänsehaut. Aisha hatte es auch nicht leicht. Sie wurde mit Mohammed verheiratet, als sie noch ein kleines Mädchen war, und niemand hat sie gefragt, ob sie das überhaupt wollte.

Edwin

Jones rennt mir voraus über den Waldweg, links und rechts schnüffelnd, als ob alles in Ordnung wäre. Er riecht die anderen Hunde, die hier vorbeigelaufen sind, seit es zum letzten Mal geregnet hat. Für ihn besteht ein Spaziergang aus einer Reihe aufregender Begegnungen mit fremden Gerüchen, von denen er einen ganzen Tag zehren kann. Wenn Menschen am Geruch der anderen genug hätten, um ihre sozialen Bedürfnisse zu befriedigen, ließe sich ein Haufen Ärger vermeiden. Jones' Universum hat etwas Tröstliches. Er schöpft Freude aus dem anbrechenden Morgen, aus einem gut gefüllten Fressnapf, aus ein paar Worten, die sein Herrchen fallen lässt. Auch aus zynischen, vernichtenden Worten, die gar nicht für ihn bestimmt sind.

Mein erster freier Tag ohne sie. Obwohl unser letzter gemeinsamer Spaziergang eine Ewigkeit zurückliegt, ist die Aussicht deprimierend, dass sie nicht da sein wird, wenn ich gleich wieder den Gartenpfad betrete. Nicht mehr in ihrem Gewächshaus mit den Bonsais beschäftigt, auch nicht auf dem Sofa liegend, den Handrücken auf der Stirn, mit der Musik von Ravi

Shankar, um innere Ruhe zu finden, wie sie das ausdrückte. Man fragt sich, wovon sie müde sein konnte, der Haushalt, das Kochen, alles wurde ihr abgenommen. Aber trotz ihrer Ermattungszustände war ihre Anwesenheit beruhigend.

Niemand bleibt einem. Wenn's drauf ankommt, entscheidet sich jeder für sein eigenes armseliges Leben, für seine eigenen Begierden und Obsessionen, denen er sich atemlos hingibt. Mir ist seelisch übel. Die Farne am Wegrand mal so richtig voll kotzen, wie Jones, wenn er sich den Magen verdorben hat, das wäre was.

Nicht einmal die Bäume neben dem vertrauten Waldweg sind dieselben. Sie stehen dort wie eine plötzlich versteinerte Menschenmenge, in ihrer Reglosigkeit verstellen sie die Aussicht, als würde es den Rest der Welt nicht geben. Sie stehen dort in ihrer mysteriösen, feindseligen Geschlossenheit. Bäume haben einfach nichts Liebenswertes oder Rührendes, und es ist lächerlich, von ihnen zu reden, als wären es lebendige Wesen, mit denen man in Kontakt treten kann.

So wie Bardo von ihnen spricht. Bardo und die Bäume. Wenn ich daran zurückdenke, wie er uns von seinen Bäumen erzählt hat, kommt wieder der gleiche Ärger über mich. Wie heftiger Juckreiz, aber es ist verboten zu kratzen.

Hilde gab den Anstoß. Die törichte, naive Hilde. Die glaubt, man bräuchte die Menschen einfach nur reden zu lassen über die Dinge, die sie lieben, dann würde sich in der Welt alles von selbst zum Besseren wenden, Frieden für alle.

»Was ist mit deinem Saxophon?«, fragt sie.

»Ich spiele nicht mehr«, antwortet Bardo.

»Warum nicht?«

»Ach, ich tröte hin und wieder noch ein Liedchen, um es nicht zu verlernen, aber mit dem richtigen Musikmachen ist es vorbei.«

»Wovon lebst du denn dann?« Das ist natürlich Floor, die eine Abneigung gegen Geld hat, es aber mit vollen Händen ausgibt.

»Ich bin jetzt ein Sombrero. Ein Schattenspender.«

Wegen der tiefen Stimme und des Nachdrucks, mit dem er das verkündet, scheint es, als würde er sagen: Ich schreibe gerade meine neunte Symphonie.

Alte, tot gewähnte Bitterkeit kriecht aus ihrem Unterschlupf, in schwindelerregendem Tempo durchströmt sie mein Blut und sticht mir in die Schläfen. Während alle anderen sich offenbar mit vereinten Kräften darum bemühen, dass es ein großartiges Fest wird, bin ich wohl derjenige, der eine Lunte anzündet.

»Was um Himmels willen ist ein Schattenspender?«

»Ich sorge für Schatten in einem Land, wo Schatten knapp ist«, sagt Bardo vergnügt, ohne sich etwas aus meiner Skepsis zu machen, »für Leute, die selbst keine Zeit dafür oder keine Ahnung davon haben. Die Bäume sind mein Fachgebiet. Ich diene den Bäumen, ob sie nun in Granada stehen oder in der Sierra, ob es vernachlässigte Olivenbäume sind oder Mandelbäume – sobald ich mich mit einem Baum beschäftige, weiß ich, dass es mir dabei gut geht und dass es dem Baum deshalb auch gut geht.«

Pa beginnt wieder zu husten. »Ach du meine Güte, Bäume!« Der Husten wird so schlimm, dass sich bei uns Panik regt, denn eines Tages wird die Krankheit seine Lungen erreicht haben. Floor bringt ihm schnell ein Glas Wasser und klopft ihm auf den Rücken, aber Pa kümmert sich nicht um ihre Rettungsversuche. Ein empfindlicher Punkt ist bei ihm getroffen, er kann sich nicht mehr beherrschen.

»Fünfundzwanzig Jahre oder noch länger lässt du nichts von dir hören, und dann kehrst du aus dem Totenreich zurück und teilst uns mit, dass du den Bäumen dienst. Bin ich achtzig Jahre alt geworden, um mir so einen Unsinn anhören zu müssen? Aus dem Mund des Begabtesten der vier, in den wir die größten Hoffnungen gesetzt hatten?«

»Danke Pa, du baust mich mal wieder so richtig auf«, sagt Frank.

Der Husten lässt nach, und ich atme auf. Der Alte ist zäh, es schlummern noch Kräfte in ihm. Es ist sein letzter Geburtstag, und er hat das Recht, so viel zu wettern, wie er will. Meinethalben hätten sie Bardo besser dort lassen können, wo er war, Kapitel abgeschlossen, Buch zugeklappt, jedem seine Ruhe. Schuldgefühle habe ich deshalb keine; der Begriff

»Bruder« hat für mich einfach keine Bedeutung. Aber da Bando nun mal hier ist, *forever young* und noch immer ein Schaumschläger, soll Pa getrost seinem Ärger Luft machen. Es wird ihn erleichtern.

Und Pa macht weiter. Wie ehedem schleicht sich der dozierende Ton ein, der Lehrer für klassische Sprachen schwingt die Peitsche, hämmert seinen Schülern die tote Sprache ein, *laudabo, laudabas, laudabat...* Sie sollen sie lernen wie ein Gedicht.

»Du hast ein gutes Gedächtnis«, sagt er zu Frank, »schon immer, das will ich nicht bestreiten. Aber du merkst dir Dinge, von denen du nichts hast, der Planet Jupiter hat sechzehn Satelliten, Kleopatra beging im Jahr dreißig nach Christus Selbstmord... Aber er...«, Pa deutet mit dem Kopf auf Bardo, ohne die Augen mitzubewegen, »er hatte das, was man einen scharfen Verstand nennt. Forschungsgeist, Neugier... Er sah alles mit wachem Blick, ihm stand alles offen, er hätte Arzt, Ingenieur, Politiker, Rechtsanwalt werden können... ja, Rechtsanwalt, er konnte gut argumentieren... Mein Gott, Bäume! Bist du gekommen, um das deinem alten Vater zu erzählen?«

»Ich bin gekommen, weil ich gehört habe, dass du krank bist, Pa.«

Woher nimmt Bardo bloß diese empörende Fassung? Macht ihm Pas Kritik nichts aus? Oder schweigt er aus Bußfertigkeit?

»Oooh...«, Pas Augen funkeln spöttisch, »du bist gekommen, um mich sterben zu sehen. Du willst sehen, wie die alte Eiche gefällt wird. Großer Gott, eine Eiche, jetzt fange ich auch schon an...«

»Ich bin gekommen, um dich leben zu sehen. Nicht dass ich Angst vor dem Tod hätte. In Afrika habe ich Menschen an allen möglichen Krankheiten krepieren sehen, gegen die es keine Medizin gab. Nein, ich will dich leben sehen. Ich dachte: Vielleicht kann ich irgendetwas für dich tun.«

Pa lacht höhnisch. »Etwas für mich tun! Dafür kommst du dreißig Jahre zu spät. Damals hättest du etwas für mich tun können, wenn du über die Folgen deiner Handlungen nachgedacht hättest. Wenn du nicht immer nur Mädchen im Kopf gehabt hättest und Marihuana oder was weiß ich für Drogen. Du hättest was für mich tun können, indem du zur Universität gegangen und etwas geworden wärst, etwas, womit du dir Respekt verschafft hättest. So dass ich, wenn mich die Leute fragen: Und was macht dein Zweitältester? hätte sagen können: Der ist Rechtsanwalt in Leiden, Den Haag, Groningen, statt: Der zwitschert auf seiner Flöte, an einer Straßenecke, irgendwo auf dem Globus. Und jetzt heißt es also: Er dient den Bäumen. Und so einer will mir helfen, dass ich nicht lache!«

Danach schien mein Vater ein wenig in sich zusammenzusacken. Er hat seinem ganzen Ärger Luft gemacht, dachte ich, aber ich hatte mich geirrt, er war noch nicht am Ende.

Ich schlage einen Seitenweg ein, der im Bogen zu meinem Haus führt, dem leeren Haus, das mir genauso auf die Nerven geht wie der Wald. Womit habe ich es verdient, dass ich in diese Lage geraten bin? Ich habe immer hart gearbeitet, Verantwortung übernommen, wo andere sich gedrückt haben, und doch laufe ich hier in diesem verfluchten Wald herum, und mein Haus bietet mir auch keinen Trost.

Jones springt an mir hoch und leckt meine Hand; errät er, was in mir vorgeht? Er schaut mich mit seinen glänzenden braunen Augen an, als würde er die Tiefe meiner Verzweiflung ausloten, und zum ersten Mal im Leben kann ich mir vorstellen, dass sich jemand so verkannt und einsam fühlt, dass er schließlich aus einem Fenster im zehnten Stockwerk springt. Um nachträglich auf sich aufmerksam zu machen.

Mein Vater hat nicht damit hinter dem Berg gehalten, was ihn all die Jahre gewurmt hat. Seine Kinder waren immer sein höchstpersönliches Kunstwerk. Als wäre er Pygmalion, so hat er unsere unfertigen Seelen geknetet und geformt und unsere Köpfe mit Wissen voll gestopft, um kultivierte Menschen aus uns zu machen, die etwas gelten in der Welt. Ma hat ständig Autsch gerufen und seine Bemühungen sabotiert, denn die Kinderseele war für sie etwas Unantastbares und Reines, das von der Natur hervorragend dazu ausgerüstet war, sich selbst zu entwickeln und etwas Einzigartiges zu werden. Armer Pa, der Zeitgeist war gegen ihn. Die jüngeren Generationen bewarfen die alten Werte und Konventionen mit Rauchbomben, machten Selbsterfahrungskurse und Gruppentherapien und erkundeten mit kleinen Spiegeln ihre Vagina. Und dann suchten sie sich entweder einen Beruf, den es früher nicht gegeben hatte, oder sie ließen sich treiben, so wie Bardo, und waren stolz darauf, dass sie das System überlistet hatten und scheinbar ein schöneres, authentischeres Leben führten als die Workaholics und Karrieristen.

Hilde, die sich persönlich für Bardos Wohl verantwortlich fühlte, war Pas Ausbruch peinlich.

»Was machst du denn jetzt eigentlich genau mit den Bäumen?«, ermuntert sie ihn süßlich.

»Ich beschneide, säge, dünge, wässere sie ...« Scheinbar ungerührt verbreitet sich Bardo weiter über seine Mühen mit den Bäumen, wie ein Conférencier, der die einzelnen Abschnitte einer Feier mit Worten verbinden muss, Schweigepausen ausfüllen, unterhalten. Eine Rolle, die ihm wie auf den Leib geschnitten ist.

»Manchmal ist es nur ein einzelner Baum, der ein wenig Zuwendung benötigt, manchmal ein ganzer Obstgarten. Dann habe ich wochenlang zu tun. Das tut mir gut. Wenn ich mich nicht genug bewege, bekomme ich schlechte Laune. Ich trage ein Kappmesser am Gürtel, deshalb bin ich für die Leute *El Specialista*. Wenn ich in Marias Mini-Mercado einkaufe, sagt sie zu mir: Schau doch mal nach meinem Baum, es ist Juni, und er verliert schon alle Blätter, ich habe

Angst, dass er stirbt, sein Schatten ist für uns unentbehrlich… Dann bringe ich viel Zeit mit und schaue mir den Baum genau an. Man muss sich Zeit nehmen, man darf nichts überstürzen. Die Arbeit bestimmt den Weg. Schließlich sage ich: Maria, weißt du, was mit deinem Baum los ist? Der hat wegen des regnerischen Winters, den wir hatten, viel zu viele Blüten angesetzt, und darüber hat er sich so erschreckt, dass er sie jetzt fallen lässt. Ihm hängt einfach die Zunge heraus. Mach dir keine Sorgen, mit dem Baum ist alles in Ordnung. Sie ist erleichtert, und tatsächlich, ein paar Wochen später treibt er von Neuem aus, er hat wieder Lust dazu.«

»Mir ist ein bisschen unwohl«, sagt Pa. »Hilde, hast du nichts Herzhaftes für mich? Ein Stückchen alten Gouda oder so?«

Bardo, der immer für alles eine kreative Lösung hat, zieht einen Reißverschluss seines speckigen Rucksacks auf. »Ich habe Oliven, Mandeln und Feigen mitgebracht.«

»Natürlich von den Bäumen«, kann ich mir nicht verkneifen.

»Ich hätte lieber ein Stück Käse«, sagt Pa, als ob er sich nicht kompromittieren wolle.

Bardo öffnet eine schmuddelige Tüte nach der anderen und schüttet den Inhalt in eine Schale, die Floor schnell noch auf den Couchtisch gestellt hat.

Wie naiv war ich doch an diesem Tag! Ich könnte mich jetzt noch vor den Kopf schlagen. Mit Widerwillen griff ich nach einer Feige, als mir die Schale hingehalten wurde, und sagte mir: Ich muss Bardo eine Chance geben. Der Tod umschleicht Pa. Wir müssen gegen den Tod zusammenhalten und die alten Ressentiments vergessen. Warum sollte ich mich ärgern, ich habe alles erreicht, was ich mir gewünscht habe, eigentlich noch mehr, während er eine Randfigur ist, die auf lange Sicht im Obdachlosenasyl landen wird. Ich muss darüberstehen. Es wird sich schon noch herausstellen, wie die Dinge tatsächlich liegen, man muss nur Geduld haben. Toleranz ist die Grundlage unserer gesamten westlichen Zivilisation, also muss ich mich heute beherrschen. Zu Ehren dieser Zivilisation und zu Ehren des Todes, der als ungeladener Gast diesen Geburtstag mit uns feiert.

So redete ich mir selbst mahnend zu, aber es fiel mir an diesem Tag schwer, mich daran zu halten. Offenbar hatten die vergangenen dreißig Jahre nichts daran geändert, dass ich noch immer wie der pawlowsche Hund auf Bardo reagierte. Neid konnte nicht dahinterstecken, denn Bardo besaß nichts, aber auch gar nichts, worauf ich hätte neidisch sein können. Was war es dann, nach all den Jahren? Ich empfand einen fast biblischen Abscheu, der mit dem Verstand nicht fassbar war, einen Blut-gegen-Blut-Affekt, der von weit vor meiner Geburt zu stammen schien. Um diesen widersprüchlichen Gefühlen kurz zu entrinnen, suchte ich meine Zuflucht bei CNBC und sah mir die Börsennachrichten an, die immer beruhigend auf

mich wirken. Eine abstrakte Welt der Zahlen, Jahresberichte und Prognosen, in denen ich mich zu Hause
fühle und erfolgreich bin, von vielen um mein Fin-
gerspitzengefühl beneidet.

Frank

Zuweilen steht das Leben plötzlich still, und man kommt sich so vor, als wäre man selbst sein größter Feind, so schwierig ist es in einem solchen Augenblick, Frank de Windt zu sein. Man kann dann nur geduldig und demütig abwarten, bis eine große unsichtbare Hand die Uhr aufzieht und das Räderwerk wieder in Gang kommt. Mitten im Sommer schrumpft die Welt auf ein feuchtes Hotelzimmer mit folkloristischer Einrichtung zusammen, das Reminiszenzen ans Mittelalter und die ruhmreiche Zeit der schottischen Könige und ihrer Clans wecken soll. Dieses Kokettieren mit einer mausetoten Vergangenheit ist eine so schauderhafte Geschmacksverirrung, dass es einen fast aggressiv macht.

Die Highlands verbergen sich nun schon tagelang hinter einem Regenvorhang, fotografieren ist unmöglich. Und an dieser Moderichtung kann ich nichts finden. Zum ich weiß nicht wie vielten Mal in der Geschichte werden vor dem Winter Tweed und Schottenkaro aus der Versenkung geholt. Ich verabscheue den Anblick von Männerknien unter unerotischen Faltenröcken ebenso sehr wie das Geleier von Dudelsäcken – doch auf Wunsch der Auftraggeber muss trotz der Klischeehaftigkeit beides mit aufs Bild.

Ich bin auch müde vom Zappen. Bis zum Umfallen habe ich mir Soaps und Sendungen übers Gärtnern angeschaut. Ein Wettbewerb um den Preis für das hübscheste Hintergärtchen in einem Neubauviertel in Birmingham hat mich furchtbar deprimiert. In einem Höllenszenario sehe ich vor mir, wie die ganze Welt langsam in kleine Hintergärten parzelliert wird, die von Männern in Shorts und uneleganten, ärmellosen Hemden mit Zierbetonplatten gepflastert und mit großen Blumenkübeln aus täuschend echt wirkendem Terrakotta-Imitat dekoriert werden. In einem noch dramatischeren Höllenszenario gibt es statt Gärten nur noch Fernsehsendungen über Gärten, und es wird ausschließlich virtuell gegärtnert.

Aber wenn ich den Fernseher abstelle, kann ich nur noch vor mich hin starren oder mich mit den anderen im einzigen Pub mit Whisky voll schütten. Ich habe wenig Lust, ein drittes Mal an diesem tristen Ritual teilzunehmen, umringt von Bauern, aus deren feuchter Kleidung Dampf aufsteigt, während sie mit schlechten Zähnen den Models zugrinsen.

Also liege ich auf dem Bett, zwei Kissen unterm Kopf, auf einem Überwurf aus glibberigem Acryl, und meine Gedanken schweifen ab in wärmere Gefilde. Unwillkürlich sehe ich Bardo vor mir, umgeben von Olivenbäumen, die in roter Erde wachsen. Doch schon bald wird dieses Bild von einer Kindheitserinnerung verdrängt, die indirekt mit ihm zu tun hat.

Es war der letzte Schultag vor den großen Ferien. Ich kam später als sonst nach Hause, mit Pyjama, Zahnbürste und schmutzigen Sachen in der Schultasche, denn ich hatte bei einer Freundin von Ma übernachtet, derjenigen, mit der zusammen sie später verunglückte. Meine Eltern hatten ein verlängertes Wochenende am Meer verbracht und waren am Abend zuvor nach Hause gekommen. Es war ihr erster Kurzurlaub seit Jahren gewesen, meine Mutter hatte dieses eine Mal ihren Willen bekommen. Pa blieb normalerweise lieber zu Hause, er behauptete, für Reisen sei kein Geld da.

Ich lege die Hände unter den Kopf und starre auf die schweren Deckenbalken, um nicht die romantische Darstellung einer blutigen Schlacht an der Wand gegenüber anschauen zu müssen. Trotzdem fühle ich mich von den schottischen Rittern und Königen beobachtet.

Ich kam mit einem Armutszeugnis in der Schultasche nach Hause, in einer Familie, in der noch nie jemand sitzen geblieben war. Ich hätte nie gedacht, dass schlechte Noten ein solches Gewicht haben könnten. Das Zeugnis steckte zwischen meinen zerfledderten Schulbüchern, die neu eingeschlagen werden mussten, für die zweite Runde in der dritten Klasse der Grundschule. Meine Mutter lag bei zugezogenen Vorhängen mit geschlossenen Augen im Bett und war nicht ansprechbar, Pa saß mit grimmiger Miene inmitten von Papierstapeln an seinem Schreibtisch. Hatten sie sich bei ihrem Ausflug ans Meer gestritten? War die Nachricht meines Versagens mir vorausgeeilt? Sie mussten doch verstehen, dass jemand, der sitzen geblieben war, Trost brauchte, sehr viel Trost.

Während ich durch das feindselige Haus strich, kam Hilde aus ihrem Zimmer, in einem langen Rock und mit einer Spitzenbluse, die kleinen Füße schoben sich in hochhackigen Pumps nach vorn. Ihre Lippen waren fleckig rot vom Lippenstift, als hätte sie zu viele Himbeerdrops genascht.

»Ist Mama krank?«, fragte ich.

Hilde nestelte an der Spitzenbluse, die für jemanden mit großem Busen gemacht war. »Papa hat Bardo hinausgeworfen«, sagte sie feierlich, »er darf nie, nie mehr wiederkommen.«

»Nie mehr...«, wiederholte ich tonlos.

Sie ging wieder in ihr Zimmer, um vor dem Spiegel etwas mit kleinen bunten Kämmen auszuprobieren.

»Sehe ich gut aus so?«, fragte sie.

Ich nickte, obwohl ich stark davon überzeugt war, dass es noch viel besser hätte werden können.

»Wenn du willst, kannst du mitmachen«, sagte Hilde und deutete auf einen großen Korb mit Tüchern und Verkleidungssachen, »dann können wir Mama überraschen.«

Ich wühlte aufs Geratewohl in dem Korb. Die Stoffe fühlten sich tröstlich an, es war ein schönes Gefühl, sie herauszunehmen, die Muster und die verschiedenen Modelle anzuschauen und sich zu fragen, was sie ausdrückten. Ich hatte keine Lust, mich zu verkleiden, stattdessen hielt ich Hilde ein paar Sachen hin. Bei jedem neuen Kleid, das sie anzog, veränderte sie sich, bei jedem Stück Stoff, das sie sich umhängte.

»Du siehst irgendwie aus wie ein Vogel«, sagte ich. »Ich meine, jedes Mal siehst du aus wie ein anderer Vogel.«

»Du hast doch keine Ahnung«, sagte Hilde beleidigt, »ich bin eine Prinzessin, manchmal eine vornehme, manchmal eine Nuttenprinzessin.«

Ich wusste nicht, was das Wort bedeutete. Ich wollte auch lieber nicht wissen, was jemand wusste, der zwei Jahre älter war als ich. Ich fand es faszinierend und bedrohlich zugleich, wie sie sich ständig allein dadurch veränderte, dass sie ein paar neue Tücher um sich drapierte. Es bedeutete, dass nichts das war, was es schien. Dass es eine einzige wahre Hilde, die echte, nicht gab, dass die Wirklichkeit, wie ich sie kannte, nicht mehr war als eine optische Täuschung mit unzähligen Schattierungen. Was die Wahrheit war, konnte man nie wissen.

Ich habe das damals begriffen, aber wieder vergessen, so dass das Leben mich immer wieder unsanft daran erinnern musste. Als es zum Beispiel außer dem David, der mich liebte, noch einen zweiten David zu geben schien, der behauptete, einen anderen zu lieben. Nach einer Zeit der Verletzungen und gegenseitigen Beschuldigungen offenbarte sich ein dritter David, der offenbar nur an sich selbst interessiert war, verliebt in seine Wohlproportioniertheit. Dann kam ich dahinter, dass auch ich selbst jemand anders war, als ich geglaubt hatte, denn ich ertappte mich bei grausamen Phantasien: ihn in den Keller locken und die Tür abschließen. David ruft und brüllt und fleht, seine Stimme überschlägt sich vor Angst, er wirft sich mit seiner ganzen Wohlproportioniertheit gegen die Tür, die keinen Millimeter nachgibt. Und ich liege auf der Wohnzimmercouch mit einem Glas Southern Comfort, seinem Lieblingsgetränk, vor Genuss schaudernd bei jeder Verzweiflungsoffensive, die von unten heraufschallt.

Es verletzt mich, dass Pa meine Trennung nicht ernst nimmt.

Wenn ich ihm auf der Straße begegnet wäre, hätte ich ihn gar nicht erkannt, den großen Bruder, der nie wieder einen Fuß über die Schwelle setzen durfte. Von dem es kein Lebenszeichen mehr gab, so dass er auf die Dauer aus meinen Gedanken verschwand. Außer damals natürlich, als Ma tödlich verunglückt war und er nicht körperlich, aber wie ein schwarzes Phantom in unserer Mitte zugegen war, weil manche ihm indirekt die Schuld gaben. Sogar aus der Entfernung richtete er noch Schaden an, so schien es. Nur Hilde, die nun mal an Mitgefühl und Versöhnung als intelligente Lebensstrategie glaubt, hat Kontakt zu Bardo gehalten und die Fragen, die sich mir im Hinblick auf den unbekannten Bruder stellten, eines Tages zusammenfassend beantwortet. Eigentlich empfand ich immer eine gewisse Sympathie für den Verstoßenen. Ich bewundere Menschen, die sich über Konventionen hinwegsetzen. Sie müssen die Welt völlig neu erfinden, Gesetze, Religion und Moral inbegriffen, und niemand nimmt sie dabei an die Hand.

Aber es war doch ein Schock, als Bardo zum ersten Mal nach all den Jahren über die Schwelle schritt, ich musterte ihn mit Pas und Edwins Augen und begriff, warum sie beleidigt sein mussten. Hätte dieser Mann, der offenbar mein Bruder ist, sich für diesen einen, außerordentlichen Anlass nicht rasieren, sich die Haare schneiden lassen und einen ordentlichen Anzug anziehen können? Und wenn er sich nun unbedingt in Freizeitkleidung zeigen muss, hätte er doch wohl andere Möglichkeiten als diesen bizarren Aufzug, mit dem er demonstriert, wie sehr er die Gefühle anderer verachtet. Gleichzeitig dachte ich: Was für eine vertane Chance! Schade um dieses markante Gesicht und die hochgewachsene, sportliche Gestalt, die geradezu nach einem edlen, gut geschnittenen Anzug aus geschmeidigem Stoff schreit, nach einem Armani, und dazu ein Hemd von Calvin Klein. Die etwas hellere Krawatte straff um den Kragen. Ein gutes Gel für die Haare. Unterwäsche von Carl Lagerfeld, einen schönen weißen Slip und ein eng anliegendes, weißes Hemd. Nein, nur einen Slip. Ein Zimmer im Dämmerlicht, ein Bündel Sonnenstrahlen fällt durch einen Spalt im Vorhang auf seinen Körper, wie er dort mit ausgestreckten Beinen in einem Ledersessel ruht, ein reizvoller Kontrast zwischen der Haut und dem weißen Slip. Und darunter: »Lagerfeld kleidet auch den reiferen Mann.«

So wird Bardo, ohne sich dessen bewusst zu sein, gleich bei seinem Eintreten von mir zu einem anderen gemacht. Er schüttelt ungezwungen Hände, lässt sich zur Begrüßung küssen und fühlt sich in dem Haus, in das er dreißig Jahre lang keinen Fuß gesetzt hat, offenbar ganz wohl – sogar wohler als wir, seine Familie. Dennoch ist der Abstand, der ihn zeitlich und örtlich von uns getrennt hat, zu spüren. Er befindet sich nur scheinbar mit uns im selben Zimmer. In Wirklichkeit bewegt er sich entspannt und leichtfüßig in einem inneren Raum. In einem Raum, den er überallhin mitnimmt, wohin er auch geht. Ich habe das Gefühl, dass er uns von seiner mobilen Welt aus scharf wahrnehmen kann, dass er uns gleich so sieht, wie wir sind, und im Stillen daraus folgert, dass er sich schützen muss.

Ich habe mich geschämt, als Pa ihn nicht begrüßen wollte und sofort in die Defensive ging. Um von Edwin ganz zu schweigen. Der fand von vornherein alles, was Bardo ausstrahlt und repräsentiert, durchweg verwerflich und tat so, als müsse es mit Feuer und Schwert bekämpft werden. Obwohl er sich mit Bardos Kommen einverstanden erklärt hatte, hat er sich von Anfang an quer gelegt. Vielleicht ist das ja auch der Grund dafür, dass alles so gekommen ist. Er hat von Anfang an den Ton vorgegeben, im Sinne von »ich habe euch ja gewarnt«.

Noch keine Stunde nach Bardos Ankunft ist er so unhöflich, den Fernseher anzustellen, um sich die Börsennachrichten anzusehen.

Während er sich also in einer Zimmerecke in einen amerikanischen Sender vertieft, sagt Floor entschuldigend: »Jeden Tag muss er erst einmal in die Welt des großen Geldes eintauchen, bevor er richtig auflebt.«

Das stimmt, aber sie ist die Letzte, die sich darüber zu beklagen hätte, sie ist versessen auf Komfort und Überfluss, auf den Schutz, den Geld bieten kann.

»Aber er macht es nicht schlecht«, sage ich, »er hat einen sechsten Sinn dafür.«

Sie zuckt resigniert mit den Schultern. »Er hat mächtig Glück gehabt, ja, er könnte längst in den Ruhestand gehen. Aber er ist ein Arbeitstier, versuch mal, so einen Mann vom Schreibtisch fern zu halten…«

Von heute aus gesehen, nahm vielleicht schon in diesem Moment ihr Verrat seinen Anfang. Sie sagte sich von ihrem Mann los, um Bardo zu gefallen. Ich witterte die Gefahr auf Anhieb, lange bevor jemand nur die leiseste Ahnung hatte.

Ich gebe mir alle Mühe, sie wieder auf Edwins Seite zu ziehen, ihr zu zeigen, wem ihre Solidarität zu gelten hat: »Ihr müsstet das ganze Geld mal genießen, zusammen eine Kreuzfahrt machen oder so…«

Steffie pflichtet mir bei. Wir unterhalten uns über

Ozeane und ferne Strände und Inseln und die Straße von Bermuda, über Pools und Ballsäle auf dem Meer, über die mit solchen Reisen verbundene Gefahr der Langeweile, bis Pa plötzlich von seinem Rollstuhl aus ruft: »Geld ist der neue Gott!«

»Tu nicht so puritanisch, Pa«, sage ich, »Geld macht vielleicht nicht glücklich, aber es ist ein angenehmes Gefühl, die eine oder andere Reserve auf dem Konto zu haben. Eine Sicherheit. Geld ist wie ein warmes Bad.«

Edwin setzt sich wieder zu uns, Gott sei Dank. Er nimmt noch eine Feige aus der Schale und wirkt wieder entspannter, zugänglicher. Er war sehr weit weg, hat sich mit Zahlen und Diagrammen aufgeladen und kehrt nun gesättigt zu uns zurück.

»Hast du nie Angst«, fragt er, »dass du plötzlich kein Geld mehr haben könntest? So viel kann es doch nicht einbringen, dein Baumgedöns.«

Bardo spuckt einen Olivenkern aus. »Kein Geld zu haben ist für mich immer ein guter Anreiz, mich um welches zu kümmern. Ein sehr guter, denn ich bin von Natur aus faul. Also muss ich wach bleiben, und nicht nur im Hinblick auf Geld. Ich bleibe an allen Fronten wach, denn es scheint mir sehr unangenehm, wenn einem irgendwann die Augen aufgehen und man merkt, dass man eine Menge Dinge getan hat, ohne zu sehen. Man schwebt immer in der Gefahr, zu verbürgerlichen und so sehr in Mustern stecken zu bleiben, dass man völlig unbewusst lebt.«

Eine unorthodoxe Auffassung über die Notwendigkeit, Geld zu verdienen. Man kann mit den Schultern zucken und sie für naiv oder amüsant halten oder es in gewisser Weise bewundernswert finden, dass jemand in den Tag hinein leben kann ohne das beruhigende Rettungsnetz eines Sozialstaats. Edwin aber nimmt es persönlich, sieht darin sofort einen Angriff, der sich gegen ihn richtet und gegen alles, wofür er steht.

»Du willst damit sagen, dass wir kein bewusstes Leben führen, weil wir finanzielle Sicherheit für wichtig halten.«

Bardo setzt eine Unschuldsmiene auf. »Ich weiß nichts über euch. Ich verstehe nichts von dem ganzen Geldgeschehen der Wallstreet oder vom Dow Jones. This is CNBC, stocks to watch with Liz Claman...«

Er legt das Gesicht in Falten und blickt in eine imaginäre Kamera. Wir müssen alle lachen, außer Edwin, als Bardo in so einem typisch amerikanischen, gekünstelten Tonfall fortfährt: »The latest headlines. Will insurers profit from the business-interruption? The dollar is on fire. There should be an upset of capital-spending. XETRA-DAX one point four, Dow Jones zero point nine. There has been an inflow of gold ...«

Edwins Miene bleibt eisig.

»Nein, die Börsenkurse interessieren mich nicht«, schließt Bardo, »ich sage nur, dass es in einem Nomadenleben eher darauf ankommt, wach zu bleiben. Wer am Rand lebt, muss die Augen offen halten, sonst stürzt er in den Abgrund.«

Streit. Dieser Geburtstag stand im Zeichen der Gewalt, und keiner von uns konnte es verhindern. Pas Sterne standen nicht gut.

Auf dem Gemälde vor mir galoppieren Soldaten in Harnischen und Kettenhemden mit der Lanze im Anschlag anderen Soldaten in Harnischen und Kettenhemden entgegen, die Federbüsche auf den Helmen wehen heftig im Wind, der Boden ist übersät mit krepierenden Kämpfern und Pferden, die mit aufgesperrten Nüstern ihren letzten Atemzug tun. Die Schlacht bei Hastings? Oder ein lokaler Zwist zwischen zwei Clans? Die Szene ist so lebensecht gemalt, dass die Angreifer auf ihren Rossen aus dem Schlachtgetümmel geradewegs in die Träume des nichts ahnenden Hotelgastes hineintraben.

Meine Brüder verhielten sich wie zwei Boxer, die in den Ring steigen. Wie üblich ist einer von Anfang an der Liebling des Publikums, er lächelt, tänzelt und schlägt mit seinen Boxhandschuhen spielerisch ein paar Hiebe in die Luft. Der andere, vom Selbstvertrauen des Gegners herausgefordert, teilt sofort die ersten harten Schläge aus.

Floor fragt: »Aber was ist, wenn du älter wirst und nicht mehr so wachsam sein kannst?«

»So wie ich«, pflichtet Pa bei, »ein Wrack im Rollstuhl, auf die Hilfe anderer angewiesen. Was du da sagst, hört sich alles wunderbar an, so wie du es formulierst. Das passt zu dir. Aber was ich sagen wollte: Ich wüsste doch gern, was du in einer Situation wie meiner tun würdest. Wenn deine Muskeln langsam schwinden würden. Wenn die Ärzte sagen würden: Ich gebe Ihnen noch ein paar Monate, vielleicht ein halbes Jahr. Und bereiten Sie sich auf ein unangenehmes Ende vor, Sie werden nach Luft schnappen…«

Bardo erschrickt. »Das haben sie gesagt? Mit diesen Worten, so… taktlos und ohne dir ein bisschen Hoffnung zu machen? Gibt es denn keine Medikamente oder Mittel, um den Prozess zu verlangsamen?«

Mit einem leichten Vorwurf im Blick sieht er Hilde an und legt die Olive, die er sich gerade in den Mund stecken wollte, unwillkürlich in die Schale zurück. »Warum hast du mir nicht gesagt, dass es so ernst ist?«

Ich sehe, dass seine Hand zittert. Liegt das am Verlust der Illusion, nach dreißig Jahren ziellosen Umherstreifens sei im Elternhaus noch alles wie am Tag des Aufbruchs? Wahrscheinlich ist Pa für Bardo all die Jahre ein Mann in der Blüte seines Lebens geblieben, ungefähr so alt, wie er inzwischen selbst ist. Eine starke Vaterfigur mit unumstößlichen Ansichten und hohen, kompromisslosen Erwartungen an die Kinder. In den letzten dreißig Jahren ist das Bild erstarrt, und Pa hat keine Chance bekommen zu altern, zu bereuen, milder zu werden. Und nun plötzlich bröckelt das Bild. Was übrig bleibt, ist ein pflegebedürftiger Mann im Rollstuhl, der sich mit viel Gebrummel und großer Bravour gegen das Unabwendbare zur Wehr setzt.

»So schlimm ist es«, bestätigt Hilde, »wir reden nicht

drum herum. Pa möchte nicht, dass wir vor ihm Verstecken spielen, er weiß genau, wie es um ihn steht.«

Bardo stützt den Kopf in die Hände. Wettergegerbte Hände eines Landarbeiters, Finger, die nicht mehr täglich über die Klappen eines Blasinstruments tanzen. Ich empfinde einen Anflug von Mitleid mit diesen Händen, mit dem Gesicht, mit dem ganzen Mann, der mein unbekannter Bruder ist.

Ein Fest! Ein Fest! Es hallt durch mich hindurch wie ein Hilfeschrei, und ich rufe aufgekratzt: »Aber vorläufig sind wir dich noch nicht los, Pa! Epikur hat gesagt: Der Tod geht uns nichts an. Solange wir existieren, ist der Tod nicht da, und wenn der Tod da ist, existieren wir nicht mehr. Wem darf ich nachschenken?«

Nein, da sehe ich doch lieber die Schlacht bei Hastings vor mir. Dort stirbt man euphorisch, an einer Überdosis Adrenalin. Ein Gemälde ist dem Familientableau in meinem Kopf unbedingt vorzuziehen.

Pa

Du wirst es nie erraten, Ida, was für ein Geschenk sie sich für mich ausgedacht hatten. Als allerletzte Überraschung.

Es klingelte an der Tür. Ich hörte Stimmen im Flur, und dann trat Hilde mit einem Landstreicher ins Zimmer, den sie einer nach dem andern umarmten. Ich erkannte ihn nicht. Erst als er sich mir zuwandte und ohne jede Scheu auf mich zukam, erst da sah ich es.

Ich sah es an seinen Augen, an seinem Lächeln. Diesen Blick hatte er als Kind, wenn ich ihn bestrafte. Damit gab er mir zu verstehen, dass ich mir getrost die schrecklichsten Strafen für ihn ausdenken, seiner Fröhlichkeit, dieser knallharten, unverwüstlichen Fröhlichkeit, jedoch nichts anhaben könnte.

Ich kann dir unmöglich sagen, Ida, was in diesem Augenblick in mir vorging. Empörung, Bestürzung, Erschrecken, Scham. Freude. Allerlei Gefühle, die sich nicht benennen lassen, weil sie so flüchtig und ungereimt sind, dass sich niemand jemals ein Wort dafür ausgedacht hat.

Was für eine Frechheit, diese Konfrontation, in meinem Zustand! Sie hätten mich vorher fragen müssen, dann hätte ich mich darauf vorbereiten können. Mehr als ein Vierteljahrhundert Widerstand war mit einem Mal dahin, der harte Schutzpanzer brach auf, und alles wurde weich und warm bis in die gefühllosen Bereiche meines Körpers hinein. Unwillkürlich zitterten meine Lippen. Erst jetzt, in der Freude über seine Rückkehr, empfand ich den Verlust. Ich hätte ihn am liebsten geschlagen und zugleich umarmt, es ist ein Wunder, dass ich nicht auf der Stelle an der Widersprüchlichkeit meiner Gefühle gestorben bin.

Aber ich hatte nicht die Zeit, meine Position zu bestimmen, denn die Frechheit schritt mit diesem Lächeln auf mich zu und sagte ruhig: »Guten Tag, Pa.«

Ich vermute, Ida, dass es leichter ist, selbst den ersten Schritt zu tun, als den anderen versöhnungsbereit auf sich zukommen zu sehen. Ich saß in der Falle, mit ihrer Überraschung hatten sie mir übel mitgespielt. »Wer ist dieser komische Heini?«, brachte ich gerade noch heraus, um das Gesicht zu wahren. Nachträglich bereue ich es, Ida. Du hättest mir in diesem Moment sicher deine Meinung gesagt.

Doch so war es nun einmal. Bardo und ich, wir sind beide starrköpfig, wie du weißt, aber er hat den ersten Schritt getan. Ich gab mich noch geraume Zeit schroff und abweisend. Ich wollte mir meine Verwirrung nicht anmerken lassen und außerdem den stillen Vorwurf zum Ausdruck bringen, dass er sich nicht Jahre früher über seine Starrköpfigkeit hinweggesetzt hat. Dann wärst du vielleicht noch am Leben.

Du hast damals einen hedonistischen Vagabunden in die Welt gesetzt, Ida, der über alle Aspekte des Lebens ungewöhnliche Ansichten vertritt. Er provoziert allein schon dadurch, dass er ist, wie er ist. Er reizt einen, weil er authentisch ist. Und er regt die Phantasie an, so dass das Unvorstellbare plötzlich möglich erscheint.

Als er etwas später an jenem Nachmittag erfuhr, wie krank ich tatsächlich bin und wie düster meine Prognose aussieht, verlor er einen Moment die Fassung. Es machte ihm tatsächlich etwas aus, Ida! Ich weiß nicht, was in ihm vorging, als er auf seine Hände starrte und versuchte, die Nachricht zu verarbeiten. Ich will nicht bestreiten, dass es mir eine gewisse Genugtuung bereitete – er hätte eben eher zurückkehren sollen!

Für das Fest war es nicht gut, das drohte in sich zusammenzufallen, ehe es überhaupt richtig in Gang gekommen war. Noch immer höre ich, wie Hilde, die den Aspekt des Feierns nicht einen einzigen Moment aus dem Auge verlor, zu Bardo sagte: »Heute hat Pa Geburtstag, und wir versuchen, den Tod für eine Weile zu vergessen. Floor hat dich gefragt, was du tun würdest, wenn du alt und krank bist. Das wüssten wir jetzt alle gern.«

»Nun ja...«

Bardo kommt langsam zu sich und trinkt einen Schluck Wein.

»Wenn du ein Zigeunerleben führst, entwickelst du mit der Zeit eine gewisse Flexibilität«, beginnt er zögernd. »Schlägen kannst du ausweichen oder sie auffangen, einfach, weil deine Psyche mehr Elastizität besitzt. Du bist immer aufmerksam, du besitzt eine Art inneres Warnsystem, das dir im Ernstfall rechtzeitig zuruft: Achtung, da läuft etwas falsch. Aber wenn du von einem regelmäßigen Einkommen abhängig bist, einem geregelten Leben, einem geölten Garagentor, und dann plötzlich etwas Unvorhergesehenes passiert, dann hast du erst richtig ein Problem. Du liegst in einem Krankenhausbett, und alles ist dir genommen. Wenn deine Frage also bedeutet: Hast du keine Angst? Dann ist die Antwort: Nein. Ich hätte mit diesen Sicherheiten viel mehr Angst als ohne sie, für mich ist das sehr gefährlich.«

Ich kann mich nicht mehr beherrschen: »Das ist doch ein Luxusgefasel, mein Junge, das sich nur jemand leisten kann, der noch in den besten Jahren ist.«

Bardo springt angenehm überrascht auf: »Du hast ›mein Junge‹ gesagt.«

Ich erschrak, Ida, weil mir dieses Zeichen der Zuneigung einfach so herausgerutscht war.

Zum Glück hilft mir Floor aus der Klemme und fragt: »Aber hast du denn keine Krankenversicherung dort… dort in Spanien?«

»Nein, wenn ich tatsächlich dauerhaft pflegebedürftig werden sollte, werde ich von einer Brücke springen, oder ich setze mich unter einen Baum und… goodbye.«

»Unter einen Baum natürlich«, seufzt Edwin.

»Mit zwei atrophischen Beinen kommst du gar nicht erst auf die Brücke«, sage ich.

Er hatte leicht reden, Schatz, seine Arme, seine Beine, seine ganze Maschinerie – alles funktioniert einwandfrei. Wenn du hättest sehen können, wie er sich bewegt, mit den langen Beinen, die er von dir hat, so locker, entspannt, so… jung. Wie sollte er es sich anders vorstellen können?

»Ich finde es ganz schön mutig«, sagt Hilde bewundernd, »so zu leben.«

»Mutig?«, sagt Edwin bissig. »Ich sehe darin eher den Übermut von jemandem, der nicht erwachsen werden will. Wenn du eine Familie hättest…«

»Ich habe eine Familie«, unterbricht ihn Bardo.

Es regnete Geburtstagsgeschenke an jenem Tag, Ida. Um ein Geburtstagsgeschenk entgegenzunehmen und es würdigen zu können, braucht man Lebenszeit. Die Hinterbliebenen geben dir keine Geschenke mit in den Sarg, damit du dich im Jenseits an ihnen erfreuen kannst, ein Grab ist keine Pyramide.

»Eine Familie?«

Ich glaube, wir riefen es alle zugleich.

Bardo lächelte amüsiert. »Warum nicht?«

»Woraus besteht deine Familie denn?« Edwin blickt

seinen Bruder misstrauisch an, als wollte der ihm Anteile an einer bankrotten Firma verkaufen.

»Äh… Dolores, meine Frau. Ramon und Felipe, die Kinder.«

»Zwei Jungen?«, rufe ich. »Habe ich zwei Enkel?«

»Ja.«

»Und du hast mir all die Jahre verschwiegen, dass ich zwei Enkelsöhne habe?«

»Verschwiegen nicht, Pa. Man kann es nicht verschweigen nennen, wenn man sowieso nie miteinander redet.«

Frank sagt verblüfft: »Jetzt bin ich aber erst mal platt.«

Wir haben zwei Enkel, du und ich! Zwei kleine Stierkämpfer, ich konnte es kaum fassen. Um Großvater zu werden, braucht man Zeit. Zu spät, zu spät, dachte ich mit unermesslichem Bedauern. Trotzdem ist es ein Geschenk, eine trostreiche Gabe der Natur, etwas von dir und mir, das weiterleben wird, nicht nur in Steffie, sondern auch in der männlichen Linie. Dieser Gedanke verschafft mir eine primitive Befriedigung, Erde, Wasser, Luft, Feuer vereinen sich in etwas Ewigem, einem Funkeln, etwas, das nie verloren gehen wird. Es gibt kein Ende und keinen Anfang. Zwei kleine, vorwitzige Inquisitoren!

»Wie alt sind sie denn, äh, Ramon und äh…?«, fragt Floor schüchtern.

»Ramon ist fünf, Felipe sieben.«

Floor läuft rot an, sie kann sich nicht mehr beherrschen. »Er hat mal eben so zwei Söhne«, sie lacht herausfordernd Edwin an, und in diesem Lachen, ich schwör's dir, Ida, schwang etwas von Wahnsinn mit, »wo du doch auch immer Söhne haben wolltest… um mit ihnen Schach zu spielen, zu segeln, was weiß ich. Aber uns war es nicht vergönnt.«

»Wenn ich tüchtig in der Gegend herumgevögelt hätte, würde ich auch hier und da Söhne haben«, sagt Edwin grob. Du hättest ihm eine Ohrfeige verpasst.

»Zwei Jungs! Wo sind sie?«, rufe ich. »Warum hast du sie nicht mitgebracht?«

»Sie sprechen nur Spanisch, Pa. Außerdem, wo hätte ich so schnell das Geld für zwei weitere Tickets hernehmen sollen?«

»Und deine Frau?«, fragt Frank. »Wie hast du sie kennen gelernt?«

Bardo lächelt breit und zufrieden, als hege er ein vergnügliches Geheimnis, das ihn innerlich erwärmt. »Sie saß auf einer Bank beim Springbrunnen in den Gärten des Alcazar. Es war sehr heiß, August. Ich dachte sofort: eine echte Reina España! Stolz, aufrecht, verhaltenes Feuer – mit einer an Arroganz grenzenden Gleichgültigkeit fächelte sie sich Kühlung zu. Ich setzte mich auf eine Bank gegenüber und spielte Saxophon. Damals lebte ich noch von der Musik.«

»Seid ihr verheiratet?« An Floors Hals zeigen sich allmählich rote Flecken. Pures Gefühl, wenig Ratio.

Bardos Miene erstarrt. »Um keinen Preis! Sobald

Gottes Segen darauf ruht, ist es mit der Leidenschaft vorbei. Dann heißt es nur noch: Gehet hin und mehret euch.«

»Die Ehe ist die Krönung der Liebe«, sage ich mit erhobener Stimme, »deine Mutter und ich haben uns nur noch mehr geliebt, nachdem wir verheiratet waren.«

»Aber ich rede von Leidenschaft«, sagt Bardo. »Hast du Ma auch mal fest in die Schulter gebissen, so dass noch eine Woche später der Zahnabdruck zu sehen war?«

Ida! Ich habe dich gestreichelt, und ich habe dich geküsst. Überall. Aber gebissen! Habe ich dich jemals gebissen?

»Für was hältst du mich? Und was denkst du eigentlich von deiner Mutter?«

»Meiner Ansicht nach war sie ganz schön heißblütig.« Das kommt aus dem Munde Franks, der früher zu uns ins Bett gekrochen ist, wenn er aus einem Albtraum hochgeschreckt war.

»Und du hältst dich da ganz raus«, sage ich, »was weißt du schon davon.«

»Ich beiße auch manchmal in Schultern.«

Er sieht mich herausfordernd an, als ob er sagen wollte: du spießiger alter Sack mit deiner antiquierten Moral. An Bardo gewandt fragt er kokett: »Hat Dolores vielleicht einen hübschen jüngeren Bruder?«

Um mich zu kränken, Ida, nur darum.

Bardo grinst: »Schenk noch mal ein.«

»Aber wie steht es denn um eure Beziehung, wenn du ständig umherstreunst?«, fragt Hilde.

Sie ist in das Wort »Beziehung« vernarrt. Aus ihrer Sicht kann eine Beziehung, wie ein Mensch, gesund oder krank oder todgeweiht sein. Und wenn die Beziehung aus ist, wird Trauerarbeit fällig, mit oder ohne Begleitung eines Experten, der von unseren Steuergeldern bezahlt wird.

»Ich habe fünf Jahre bei ihr gewohnt, in einem Haus mit Wänden und einem Dach darüber. Ich wollte einmal die Erfahrung machen, wie es sich anfühlt, gesettled zu sein. Um mitreden zu können. Dazu reichen ein paar Wochen nicht aus, das braucht seine Zeit. Nach diesen fünf Jahren gelangte ich zu der Schlussfolgerung, dass das nichts für mich war. Das Experiment war gelungen, und was hatte ich daraus gelernt? So wollte ich nicht leben!«

Es war ein Tag, an dem ich mich viel gewundert habe, Ida, aber auch sehr geärgert und sehr beherrscht. Ich hatte das Gefühl, eine Ernte einzuholen, nachdem der Sturm darüber hinweggefegt war. Vier erwachsene Kinder zum ersten Mal beisammen. Verblüffend, wie unterschiedlich sie sind. Wohin haben unsere Anstrengungen geführt? Zu dieser heterogenen Sammlung, in der ich nur Scherben von dir und mir wiederfinde. Jeder hat sein eigenes Vokabular, obwohl sie von uns doch dieselbe Sprache mitbekommen haben. Bardo drückt sich sonderbar aus, vielleicht, weil er schon so lange im Ausland lebt. In seiner Sprache ist offenbar nichts selbstverständlich: »In einem Haus mit vier Wänden und einem Dach darüber«. Als hätte er das Phänomen Haus neu erfinden müssen in einer naiven, plastischen Sprache, die an Ort und Stelle zu entstehen scheint.

Edwin wiederholt spöttisch: »So wolltest du also nicht leben.«

Bardo schüttelt mit entschlossener Miene den Kopf.

»Diese ganze Verantwortung, das wollte ich nicht mehr. Ein Haus instand halten, anstreichen, Fugen dichten, verstopfte Abflüsse reinigen. Und dann die Dorfgemeinschaft. Die Männer in der Kneipe sagen zu dir: Kommst du mit in den Puff? Ja, ja, sagst du, mal sehn. Das nächste Mal liegen sie dir wieder in den Ohren, wann gehn wir denn jetzt in den Puff. Was für ein Unsinn, sage ich, in den Puff gehen, hört doch auf davon. Sie wollen deine Schwachstellen herausfinden, damit du einer von ihnen wirst. Und damit sie das, was sie von dir wissen, irgendwann gegen dich verwenden können. So funktioniert das ganze Dorf; als ich das begriffen hatte, war meine Neugier verschwunden, der Spielraum wurde mir zu eng. Ich wurde unruhig, ich sehnte mich nach neuen Erfahrungen, neuem Wissen, anderen Farben. Ich wusste: Ich muss weiterziehen.«

»Also hast du deine kleine spanische Königin und deine Kinder im Stich gelassen«, folgert Edwin.

Bardo wirft stolz den Kopf in den Nacken. »Du kennst Dolores nicht! Glaubst du, man könnte Dolores Sebastian im Stich lassen? Schon auf einen Kilometer Entfernung wittert sie, dass deine Zeit gekommen ist, dass du weiterwillst. Du brauchst ihr nichts zu erzählen, sie stößt die Tür weit auf und sagt: Geh! Verstehst du? Geh! Adios amante! Du möchtest gern die Opfer meines Handelns sehen, aber es gibt keine.«

Du hast mir an diesem Tag so gefehlt, Ida. Als du noch lebtest, hast du immer die Kinder vor mir und mich vor den Kindern in Schutz genommen. Du hattest deine ganz besondere Art, ihren Worten und Taten die Schärfe zu nehmen. Aber an diesem Tag, ohne dich, war ich ihnen schutzlos ausgeliefert. Sie nahmen kein Blatt vor den Mund, und dass ich alles sah und hörte, spornte sie vielleicht sogar an. Es war eine Form von Rache. Du, mit deinem Charme, der über alle Gegensätze hinwegtänzelte, hättest aus diesem Tag ein Fest machen können. Ein richtiges Fest. Aber ohne dich wurden wir wie Schmetterlinge auf Nadeln zur Schau gestellt. Vor wem? Vor uns selbst. Wie hättest du reagiert, wenn du zuerst gehört hättest, dass du zwei Enkelsöhne hast, und gleich darauf, dass der Vater, dein eigener Sohn, die Familie im Stich gelassen hat? Keine Lust mehr hatte, die Verantwortung zu tragen?

»Aber wer kümmert sich denn um die Kinder?«, frage ich.

»Dolores! Und ihre Großmütter, Großväter, Onkel, Tanten, eine gigantische spanische Verwandtschaft, die von Sevilla bis Granada über das ganze Land verstreut lebt.«

Und was ist mit uns, denke ich, sind wir keine Verwandtschaft?

Floor stellt ihr leeres Glas mit einem lauten Geräusch auf den Tisch, ein Geräusch, das in meinem Kopf anklagend nachhallt, als würden sogar Gegenstände einen gewissen Ärger empfinden bei so viel Unbesonnenheit. »Aber wo wohnst du denn jetzt? Du musst doch irgendwo wohnen?«

»Manchmal hüte ich die Häuser von Leuten, die verreist sind, oder ich schlafe bei Freunden. Aber meistens wohne ich in meinem Bus. Tagsüber fahre ich ein bisschen herum, und wenn es dunkel ist, parke ich ihn irgendwo und schlafe. Wenn ich am nächsten Tag aufwache, denke ich: Ach, hier bin ich? Interessant!«

Bardo schaut mit tiefer Zufriedenheit um sich, als hätte er von großartigen Heldentaten berichtet. Aber obwohl er unsere Fragen geduldig beantwortet, sehe ich in seinen Augen eine Art Nachsicht, als ob er schon wüsste, dass wir mit seinen Antworten nicht viel anfangen können.

»Und deine Jungs?« Ich gebe mir alle Mühe, Ruhe zu bewahren. »Siehst du die noch?«

»Selbstverständlich. Heute kann ich ihnen auch viel mehr bieten als damals, als ich noch feststeckte. Heute kann ich sagen: Kommt, ich zeig euch was, ihr könnt was Besonderes von mir lernen, was Nützliches, wovon ihr später etwas habt. So erweitert sich ihr Horizont. Letztens bat ich Felipe, Wasser am Brunnen zu holen, mein Bus stand nicht weit davon entfernt. Und weil es dunkel war, gab ich ihm eine Taschenlampe, aber die wollte er nicht, er ging lieber ohne Licht in die Dunkelheit. Darauf bin ich stolz.«

Und da wurde mir die ganze Toleranz zu viel, Ida. Die Toleranz, die sie alle von mir verlangten, weil ich alt und krank bin, weil es meine Geburtstagsfeier sein sollte und Bardo trotz allem mein verlorener Sohn war, und weil es meine Enkelsöhne waren, die mir geschenkt und genommen wurden. Meine Toleranz platzte aus den Nähten.

»Ich habe euch auch besondere Dinge beigebracht«, rufe ich, »und nützliche, von denen ihr später etwas hättet haben können. Und was habt ihr daraus gemacht? Der eine macht Fotos von nackten Frauen...«

»Pa«, unterbricht Frank mich empört, »Modefotografie ist was ganz anderes!«

»Die andere unterhält sich mit Verrückten...«

Verzeih mir, Ida, ich war nicht mehr zu bremsen.

»Sie sind nicht verrückt«, wehrt sich Hilde, »ich helfe ihnen nur, ihr Leben neu zu ordnen.«

»Dem Ältesten blitzen nur noch Dollarzeichen in den Augen, und der Zweitälteste, früher so vielversprechend, vagabundiert durch Gottes schöne Welt...«

Hilde wirft mir einen wütenden Blick zu, weil ich mich nicht an ihre Regieanweisung gehalten habe:

Friede auf Erden und den Menschen ein Wohlgefallen. »Wir sind und wir waren dir nie gut genug«, ruft sie.

»Das ist die Ernte all der Jahre«, fahre ich fort, »mit Messer und Gabel essen, gerade sitzen, nicht schmatzen, in ganzen Sätzen reden. Marmelade? Was soll das heißen? Könnte ich bitte die Marmelade haben! Hast du deine Hausaufgaben gemacht? Ist das deine Übersetzung, Tacitus würde sich im Grabe umdrehn! Beau, bon, joli, haut, grand, petit stehen vor dem Nomen. Putz dir die Schuhe, die Zähne, mach dir die Fingernägel sauber. Hilf deiner Mutter. Was willst du später werden? Es wird Zeit, dass du dir überlegst, was du später werden willst...«

Hilde seufzt müde. Sie hat dunkle Ringe um die Augen, von den Depressionen und Psychosen anderer Leute. Mit endloser Geduld hört sie sich deren Lamenti an, aber ihrem eigenen Vater zuzuhören, das geht über ihre Kräfte. Jetzt, wo ich endlich die Gelegenheit habe, meinem Herzen Luft zu machen, fällt sie mir einfach ins Wort.

»Womit verdient denn Dolores ihren Lebensunterhalt?«, fragt sie und dreht mir dabei nachdrücklich den Rücken zu. »Hat sie einen Beruf?«

»Sie tanzt«, sagt Bardo. Er steht auf, kramt in seinem schmuddeligen Seesack und nimmt etwas heraus. »Ein Geschenk für dich, Pa, wo steht die Stereoanlage?«

Was für ein schönes Geschenk wäre es, wenn sie

sich endlich einmal anhören würden, was ich zu sagen habe! Aber nein, ich werde übertönt von Händeklatschen und Füßestampfen aus Spanien, von heiserem Geschrei, Stimmen aus Armenvierteln und Spelunken, Stimmen von versengten Feldern, die in der Hitze flimmern, Stimmen aus dem ärmlichen Süden Europas, der mit dem Geld überhäuft wird, das wir hier im Norden mit harter Arbeit verdienen. Raue, ordinäre Stimmen, die wohl das echte, unverfälschte Leben verkörpern sollen.

»Taranta primitiva y cartagenera!«, ruft Bardo.

Primitiva, das kann man wohl sagen.

Unser Sohn, überragend in Latein und Geographie, in Französisch und Geschichte, in allen Fächern eigentlich, tanzt mitten im Zimmer, klatscht in die über den Kopf erhobenen Hände, stampft mit den Absätzen seiner verwitterten Stiefel auf den Boden, mit einem Hohlkreuz und dem idiotisch wippenden Haarschwanz im Nacken.

»Ich bin ganz verrückt nach Flamenco!«, ruft Steffie begeistert.

Dann fängt auch sie an zu tanzen, mit äußerster Konzentration imitiert sie die Bewegungen ihres Onkels, als ginge es darum, eine unentbehrliche Lebensweisheit zu erlernen. Busen, Hüften, Schenkel, alles genau wie damals bei ihrer Mutter, als die in unser Leben trat und sich ein Unglück auf das andere häufte. Franks erwartungsgemäß beifällige, Edwins missbilligende und Hildes wie immer gequälte Blicke. Die glänzenden Augen Floors, die sich in ihrem Sessel mit der Musik mitwiegt und inzwischen noch mehr rote Flecken am Hals hat. Mir wäre es lieber, ich würde nicht alles so scharf registrieren, ein paar Schnäpse extra würden da bestimmt helfen.

»Es reicht!«, ruft Edwin schließlich und rennt, sich die Ohren zuhaltend, zur Stereoanlage. Er drückt auf einen Knopf, und eine machtvolle Stille senkt sich auf die Festgäste. Seine Stille. Wie von einem Zauberstab berührt erstarren Bardo und Steffie, die Arme noch in der Luft.

»So langsam wird es Zeit für das Festessen, allerdings keine Paella, sondern normale holländische Kost.«

Der Glanz schwindet aus Floors Augen, sie erinnert sich wieder daran, wo in dieser Welt ihr Platz ist. »Ich geh in die Küche«, sagt sie schuldbewusst.

»Ich helfe dir.« Frank springt auf.

Glaub mir, Ida, ich fühlte mich heimatlos in meinem eigenen Haus, umgeben von Kindern, die mir fremd waren. Es geht alles abwärts. Mein Vater zog früher den Hut, wenn er auf der Straße einem Bekannten begegnete, nickte bedächtig und setzte den Hut wieder auf. Heute aber gibt es auf der Straße keine Bekannten mehr, vor denen man den Hut ziehen könnte, es gibt auch keine Hüte mehr. Ein Christ würde sagen: In unserer ganzen Blöße werden wir vor Seinem Thron erscheinen, im Angesicht des Herrn.

Es war mir nicht vergönnt, diesen erhabenen Augenblick in Ruhe abzuwarten. Drei-, viermal am Tag erschien ich mit entblößtem Hintern vor dem Angesicht meiner Kinder.

Steffie

Wie man ins Schwitzen kommt vom Flamenco! Trotzdem hätte ich stundenlang so weitermachen können. Ich vergaß, dass es Opas Geburtstag war und er nicht mehr lange zu leben hatte, ich vergaß, was meine Verwandten alles dachten, ohne es auszusprechen, was mir so furchtbar auf die Nerven ging. Was für ein Glück, dass mein Onkel da war, der mitten in der Feier, die eigentlich keine war, sein eigenes Fest aufzog. Natürlich musste mein Vater wieder alles vermiesen und die Musik abstellen, er konnte es einfach nicht ertragen, wenn jemand seinen Spaß hatte. Ich drehte mich noch immer ein bisschen um die eigene Achse, als meine Mutter und Onkel Frank schon in der Küche verschwunden waren und mein Vater losgefahren war, um die vorbestellte Torte abzuholen.

Plötzlich ist es sehr still im Zimmer, ich lasse mich in einen Sessel fallen und denke: Was jetzt?

»Hilde, ich muss auf die Toilette«, sagt Opa.

»Bardo, hilfst du mal?«, fragt meine Tante.

Zum Glück bittet sie nicht mich darum, obwohl ich es bestimmt könnte, glaube ich. Das hier ist ein Alteleutehaus, mit Alteleutemöbeln und Alteleutebü-

chern, und aus dem Badezimmer kommen Alteleute-
geräusche: Oh! Ah! Pass auf! Immer mit der Ruhe, Pa,
es klappt prima. Ächzen. Oh! Pa, entspann dich. Ich
stecke mir die Stöpsel des Discmans in die Ohren, um
die Kleinkindgeräusche, die mein Opa von sich gibt,
mit der Silberstimme Noahs zu vertreiben. Noah ist
jung und stark und gegen Krankheiten immun.

Ich vergesse die Zeit und die Feier und das Bild
meines Großvaters, der an dem lächerlichen Apparat
hängt, und lasse mich mit der Musik treiben, bis sie
wieder ins Zimmer kommen. Opa sieht so unglücklich und gequält aus, dass ich schnell die Ohrstöpsel
herausnehme.

»Na, das hättest du sicher nicht gedacht«, sagt er zu
Onkel Bardo, »dass du dem alten Tyrannen noch mal
den Hintern abwischen musst. Auch eine Art, Frieden
zu schließen.«

»War denn Krieg?«, fragt mein Onkel.

»Bist du nicht mit neunzehn auf und davon? Eine
Woche nach dem Abitur bist du fortgegangen, für
immer. Wenn das keine Kriegserklärung ist!«

Ich spitze die Ohren. Entweder haben sie vergessen, dass ich auch da bin, oder sie meinen, ich sei alt
genug, um so ein Gespräch mit anzuhören.

»Du hast mich selber rausgeworfen«, sagt Onkel
Bardo. »Raus, hast du gerufen, da ist die Tür! Ich will
dich hier nie mehr sehen! Du warst mit Ma am Meer
gewesen, und als du zurückkamst, feierte ich hier gerade mit ein paar Freunden und Freundinnen mein

Abitur. Ich war gerade mitten in einem schlechten Trip, als du mich rausgeworfen hast.«

Was ist ein schlechter Trip? Es hört sich an wie ein Ausflug, bei dem alles schiefgeht.

»Aber doch nicht für immer!«, ruft Opa unglücklich.

»Und ob, du hast gesagt ›nie mehr‹, und dein Wille war Gesetz, immer. Du warst unglaublich wütend auf mich. All die Jahre brauchte ich nur an deine Wut zu denken, und schon war mir jede Lust, hierher zurückzukehren, vergangen.«

»Deine Mutter hat mir auch vorgeworfen, ich wäre zu weit gegangen«, sagt Opa. »Aber vergiss nicht, dass ich noch einen anderen Grund hatte, wütend auf dich zu sein.«

Opa blickt mich verstohlen an. Plötzlich scheint er sich an meine Anwesenheit zu erinnern.

»Stimmt«, gibt Onkel Bardo zu, »es gab noch einen anderen Grund.«

Er steht noch immer mitten im Zimmer an dem Platz, wo wir getanzt haben, als wäre dieser Platz durch den Flamenco ein Stückchen Spanien geworden, wo er sich seiner sicher fühlt.

»Aber... dass ich fortgegangen bin, war auch eine Frage der Selbsterhaltung. Mit einem Vater wie dir ging es vom Gymnasium direkt an die Universität. In unserer Familie ist jeder zur Universität gegangen, ohne Ausnahme. Das hätte bedeutet: Noch mehr tu dies und tu das, sonst wird aus dir nie etwas. Und warum? Um so zu werden wie alle anderen! Ich hatte lange genug die Schulbank gedrückt, ich wollte auch einmal sehen, was in der richtigen Welt los war.«

Dieser Onkel kommt gerade rechtzeitig! Ich dachte schon, dass sich nie etwas ändern würde, dass ich mich damit abfinden müsste, meine Mutter langsam weggleiten zu sehen zwischen Beruhigungspillen, Schlaftabletten, Pillen gegen die Angst und Aufputschmitteln, die die Wirkung der anderen wieder aufheben. Am Ende weiß man nicht mehr, wo man die wirkliche Mutter finden soll, wo sie sich zwischen all den Chemikalien versteckt. Ich dachte, es wäre alles längst zu spät, so still war es geworden inmitten all dieses italienischen Designs. Die Gemälde, die einzig und allein aus enormen weißen und schwarzen Strichen bestehen, machen einen auch nicht froh. Farbe ist vulgär, sagt mein Vater, und gegenständliche Malerei ist was für die Masse. Aber warum ist er, wenn es darauf ankommt, so selten zu Hause? Warum hocken Jones und ich immer alleine in dieser Superumgebung? Er drückt seine Schnauze in meine Achselhöhle, als ob er Trost sucht. Wir blicken einander direkt in die Augen, beide wüssten wir schrecklich gern, was in der richtigen Welt los ist, genau, wie mein Onkel es sagt.

Onkel Bardo kommt gerade rechtzeitig. Er erzählt weiter: »Das Hafenviertel von Amsterdam war der erste Schritt. Dort war ich unter Hafenarbeitern, einfachen Leuten, die von keinem auf die Uni gezwungen wurden. Nachdem ich mir etwas Geld verdient hatte, wollte ich weg. Weit weg. Fort aus Europa. Alle gingen nach Indien, also ging ich nach Afrika. Ihr habt vielleicht gedacht: Der wird sich schon die Hörner abstoßen, der wird schon wieder zurückkommen. Aber ich bin nicht zurückgekommen. Na ja, ab und zu mal ganz kurz, wegen Ma. Wir haben uns dann irgendwo verabredet, nicht hier. Ma hat meine Art zu leben respektiert. Sie hat gesagt: Es kommt nicht auf Geld oder eine Karriere an, du hast nur ein Leben, und das gehört dir. Du musst tun, was du tun möchtest. Ma hat das verstanden.«

Opa wirkt sehr klein, wie er da in seinem Rollstuhl sitzt.

»Wenn sie ihre eigenen Wege hätte gehen können«, nickt er, »hätte deine Mutter auch so ein wildes Leben geführt wie du. Wenn ich noch einmal auf die Welt komme, möchte ich ein Vogel sein, hat sie oft geseufzt. Du musst aber mit den Füßen auf dem Boden bleiben, habe ich dann gesagt, du hast vier Kinder in die Welt gesetzt.«

»Sind Sie einfach nach der Schule nach Afrika gegangen?«

Warum sage ich nun plötzlich »Sie«? Ich möchte, dass er weiterredet. Sobald er spricht, weht eine salzige Brise ins Zimmer, die flüstert, dass alles anders sein kann. Sieh dir deinen Onkel an. Es genügt ein entscheidender Schritt über einen Abgrund aus Gewohnheiten und vagen Ängsten, ein einziger Schritt nur. Sogar Tante Hilde scheint ihre Kümmernisse zu vergessen, versonnen blickt sie auf das Weinglas in ihrer Hand.

Onkel Bardo dreht sich geschmeidig um, nicht im Geringsten erstaunt, als hätte er mit meiner Frage gerechnet.

»Ich habe die Sahara durchquert. Die ist völlig leer, Steffie, da in der Sahara ist überhaupt nichts. Wenn man auf der anderen Seite wieder herauskommt, von der arabischen in die schwarze Welt gelangt, ist das ein Unterschied wie Tag und Nacht, so als hätte man einen Ozean überquert. Für mich war es eine Initiationsreise. Als ich in Schwarzafrika ankam, war ich ein anderer Mensch geworden... Nie werde ich meine Ankunft in Agadez vergessen. Das Ende des Ramadan wurde gefeiert, es fand gerade ein Umzug statt. Ich sah hochgewachsene schwarze Männer, gehüllt in Bubus aus kilometerlangem weißen Stoff und mit Turban. Und wunderschöne Frauen in bunten Gewändern. Dazwischen Jungen, die große Trommeln für die Männer trugen. Bum bum... Drum herum schlugen viele Leute kleinere Trommeln. Jemand sah mich dort stehen, kam auf mich zu und drückte mir auch eine Trommel in die Hand! Und ich konnte es sogar, sie haben mächtig gestaunt. Als ich noch in der Schule war, hatte ich ein bisschen Schlagzeug gelernt. Ich trommelte fröhlich mit ihnen mit. Ich wusste: Hier gehöre ich hin.«

Er trommelt mit den Händen einen imaginären Rhythmus in die Luft, so als wäre er gerade nach einer

Tour durch die Wüste angekommen. Ob Spanien oder die afrikanische Wüste, für mich macht es keinen Unterschied, mein Onkel ist sowieso viel spannender als alle anderen zusammen, man kann gar nicht anders, als ihn anzuschauen und sich das lautlose Getrommel anzuhören.

»Als ich in deinem Alter war«, sagt er zu mir, »war ich sehr schüchtern. Darum musste ich all diese Dinge tun, ich musste erst lernen, mich Sachen zu trauen.«

Impulsiv frage ich: »Kann ich dich vielleicht in den Sommerferien besuchen?«

»Es ist mir eine Ehre!« Er macht eine ironische Verbeugung. »Wenn du keine hohen Ansprüche an Komfort und so stellst.«

»Ich kann in einer Hängematte draußen unter den Sternen schlafen, und wenn eine Schlange kommt, sage ich: Ich habe nicht vom Baum der Erkenntnis gegessen. Ist es weit von dir bis zum Meer?«

»Das Meer ist ganz nah. Es ist manchmal kalt und manchmal warm, und wenn es stürmt, ziemlich rau. Am Strand gibt es hübsche Jungs mit goldenen Kreuzen auf den Brusthaaren und mit winzigen, glänzenden Badehosen, du musst also auf der Hut sein. Ich kann nicht pausenlos deine Jungfräulichkeit bewachen.«

»Ich bezweifle, dass ihr Vater damit einverstanden ist«, brummt Opa, »da kommt er schon.«

Mein Vater ist fast nie da, aber wenn er kommt,

dann, um mir etwas zu verbieten oder um ein Bild mit schwarz-weißen Strichen durch ein Bild mit schwarz-weißen Quadraten zu ersetzen. Oder um sich Miles Davis anzuhören. Er dreht die Lautstärke so auf, dass es nicht auszuhalten ist. Miles Davis verfolgt einen, wenn man die Treppe hinaufgeht, er dringt bis in unsere Schlafzimmer, Badezimmer, Kleiderschränke und in die Atemübungen meiner Mutter. Miles Davis ist nichts heilig.

»Habt ihr gerade über mich gesprochen?«

»Ich fahre in den Sommerferien zu Bardo.«

»Onkel Bardo«, korrigiert mein Vater. »Schlag dir das aus dem Kopf. Dein Onkel hat nicht mal ein anständiges Haus.«

»Sie kann bei mir im Bus schlafen«, sagt der, »oder ich finde irgendetwas anderes.«

»Hör mal, damit fangen wir gar nicht erst an. Sie ist erst sechzehn.« Mein Vater hebt seine Brille an und massiert sich die Nasenwurzel. »Ich will nicht, dass sie sich in diesem korrupten Durcheinander herumtreibt, das überall in den südlichen Ländern herrscht.«

Onkel Bardo lacht amüsiert und hält seinem Bruder ein Glas Wein hin. »Die Korruption im Süden ist überhaupt nicht so korrupt. Dir sind wohl die unerschütterlichen Kalvinisten in den Niederlanden lieber, was? Die Beamten, die Herrschaften hinter den Schaltern, die die Macht in den Händen halten und einen das auch spüren lassen, wenn man auf sie angewiesen ist. Die Spanier dagegen…«

Mein Vater lehnt den Wein mit einem Kopfschütteln ab und will aus dem Zimmer gehen, aber Onkel Bardo fasst ihn am Arm und sagt in familiärem Ton: »Ich erzähl dir mal was. Ich habe am Anfang in einer Bar gearbeitet, ich hatte keine Aufenthaltserlaubnis. Es war noch zu Francos Zeit. Unvermutet treten sie ein, Leute von der Geheimpolizei, zu zweit. Ich sage: Was kann ich Ihnen anbieten? Sie trinken etwas. Wo sind deine Papiere, fragen sie. Die sind in Bearbeitung, sage ich, in Granada. Sie trinken noch ein Glas. Dann gehen sie. Zwei Wochen später sind sie wieder da. Was möchten Sie trinken?, frage ich. Wo sind deine Papiere, fragen sie. Ich war gestern in Granada, sage ich, sie sind noch immer damit beschäftigt. Also setzen sie sich in aller Ruhe hin und trinken noch ein Glas.«

Mein Vater will solche vertraulichen Mitteilungen nicht hören, das ist unübersehbar, er will sich nicht mit Leuten abgeben, die Aufenthaltsgenehmigungen brauchen und der Geheimpolizei Schnaps einschenken. »Deshalb herrscht so ein Chaos in Südeuropa, jeder ist bestechlich.« Er dreht sich um und geht.

»Und ich fahre doch«, rufe ich ihm nach, »ich meine es ernst, ich fahre wirklich nach Spanien.«

Ich zerspringe fast vor Sehnsucht nach diesem Chaos im Süden und nach goldenen Kreuzen auf dunklem Brusthaar.

»Kommt gar nicht in Frage!«, ruft er über die Schulter.

Meine Mutter hat den Tisch gedeckt, und Opa wird ins Esszimmer gerollt. Er hat noch immer Appetit auf gutes Essen, zum Glück.

Hilde

Mein zweiter Patient für heute Nachmittag hat gerade telefonisch abgesagt. Vor zwei Monaten hatte er auf einer vielbefahrenen Kreuzung mit diktatorischen Gebärden den Verkehr geregelt und bei passender und unpassender Gelegenheit auf einer Pfadfinder-Trillerpfeife gepfiffen, die er sich umgehängt hatte. Verwirrte Autofahrer, Radfahrer und Fußgänger versuchten sich einen Weg durch das stetig zunehmende Chaos zu bahnen, dessen strahlender Mittelpunkt er war. Kurze Zeit später erlitt er einen Nervenzusammenbruch und wurde als Notfall in die Klinik aufgenommen. Wegen der langen Wartelisten hat man ihn verfrüht nach Hause geschickt, wo er nun langsam in Apathie und Misstrauen gegen die Menschheit versinkt. Durch seine Absage gewinne ich fünfzig Minuten, die ich verbringe, indem ich Reihen geparkter Autos im Nieselregen anstarre und bitteren Automatenkaffee hinunterspüle.

Seit dem, was auf Pas Geburtstag passiert ist, fühle ich mich mutlos. Ich zweifle an mir und an meiner Professionalität. Vielleicht war es eine gewaltige Fehleinschätzung, die mich auf die Idee brachte, Bardo einzuladen. Pa und er haben zwar Frieden geschlossen, aber um welchen Preis?

»Auf ein langes Leben«, hatte Frank in der Konditorei auf die Mokkatorte schreiben lassen, mit weißer Buttercreme, so dass die Buchstaben gut zur Geltung kamen und leicht lesbar waren.

»Was für ein Prachtexemplar«, ruft er, als ich mit der Torte eintrete, auf der acht brennende Kerzen stehen, für jedes Jahrzehnt eine. »Eigentlich viel zu schade zum Anschneiden!«

Jemand hat den Kamin im Wohnzimmer angemacht, deshalb sind wir nach dem Essen wieder dorthin umgezogen.

»Der Tee ist auch fertig«, sage ich.

»Trotz allem waren wir früher eine wundervolle Familie«, sinniert Pa, während Floor die Torte anschneidet. Er wird sentimental, das war zu erwarten nach zwei Schnäpsen und drei Gläsern Wein, nach dem Wutausbruch, den großen Gefühlen und schließlich dem Schlaf.

»Wir waren eine phantastische Familie«, pflichtet Frank ihm bei, »wo sind eigentlich die Fotoalben? Ich hätte jetzt große Lust, mir Fotos von früher anzusehen.«

»Keine Ahnung.« Edwin gähnt.

Ich ziehe auf gut Glück eine Schublade von Mas antikem Sekretär auf. In irgendeinem Winkel des Gedächtnisses hatte ich mir das gemerkt, tatsächlich liegen dort mehrere Alben. Ich nehme sie heraus, und mir ist, als hörte ich dabei Ma leise lachen. Die Alben werden mir geradezu aus den Händen gerissen. Ablenkung, welcher Art auch immer! Notfalls Familienfotos.

»Wer ist das?«, fragt Steffie aufgeregt und zeigt auf ein Bild. »Paps, bist du das?«

Edwin wirft einen griesgrämigen Blick auf das Foto. »Ich hatte mir damals beim Hockey das Bein gebrochen, und dann haben alle meine Freunde ihren Namen auf den Gips geschrieben.«

»Wow, so viele Unterschriften! Wie viele Freunde du früher hattest!«

Erstaunt schaut sie ihren Vater an, und alle Sommersprossen schauen mit.

»Na ja, ich war jung.«

Ich muss noch sehr klein gewesen sein, als dieses Foto geknipst wurde. Edwin muss ja wochenlang im Bett gelegen haben, aber ich kann mich an nichts erinnern. Warum ist es so schwer, ihn sich als Kind vorzustellen, warum denkt man immer, er müsste mit Brille und Aktentasche auf die Welt gekommen sein? In jedem Menschen steckt auch noch das Kind, das er einmal war. Bei meinen Klienten gehe ich auf die Suche danach. Wie tief und raffiniert es auch versteckt sein mag, es sitzt am Ende immer in der Schaltzentrale des Geistes, von wo aus es die Bewegungen des Erwachsenen lenkt. Erst wenn es mir gelingt, es dort herauszulocken, kann der Patient selbst wieder das Steuer seines Lebens in die Hand nehmen.

»Oh, und wer ist der kleine nackte Kerl«, ruft Steffie, »der wegrennt, weil er mit dem Gartenschlauch nass gespritzt wird?«

»Das ist Bardo«, sagt ihr Vater.

»Wie niedlich!«

Sie schaut Bardo an. Sie sucht das niedliche Kerlchen in der großen, erwachsenen Gestalt und in den markanten Gesichtszügen.

»Pa und Ma vor dem Heiratsaltar!« Frank hält sich die Hand vor den Mund und kichert. »Sieh mal das Brautkleid, zum Schießen!«

Steffie steht auf, um mit in das Album zu schauen, das Frank durchblättert. »Ist das Oma? Sie ist ja noch ganz jung.«

»Sie war nur ein paar Jahre älter als du, als sie geheiratet hat«, sagt Pa.

»Schrecklich, so früh heiraten«, findet Steffie.

»Und in Spanien war sie auch nicht«, folgert ihr Vater.

Steffie steckt Edwin die Zunge heraus.

Ich werfe einen kurzen Blick auf das Hochzeitsfoto. Ma, in einer Wolke aus Spitze und Crêpe Georgette und mit einem langen Schleier, lächelt freundlich und erwartungsvoll in die Kamera, dieselben Sommersprossen. Verzichte aufs Heiraten, Schatz, legt sie mir ans Herz, als ich sechzehn bin, sei nie so dumm zu heiraten und Kinder zu kriegen. Eine verwirrende Empfehlung, wenn man ihre Tochter ist und mit diesem wohlgemeinten Rat eigentlich die eigene Existenz in Frage gestellt sehen muss.

Liefere dich niemals einem Mann aus, indem du ihn heiratest, es wird zu Unrecht so romantisch verklärt. Trotzdem liebte sie meinen Vater auf ihre Weise, und er betete sie an. Noch heute höre ich ihr leises Lachen aus dem Schlafzimmer, nicht doch, nicht doch, ruft sie. Es ist Abend oder Nacht und eine meiner Puppen ist auf die Erde geplumpst. Ich hebe sie auf und tröste sie, dann ziehe ich mir die Decke über den Kopf, damit ich die Geräusche nicht höre. Auf dem Foto hat sie gerade ihr Jawort gegeben und Gehorsam gelobt, aber sie ist in Ungehorsam gestorben.

»Und Pa sieht schon aus wie ein richtiger Schulmeister.« Frank hält das Album hoch, damit Pa das Foto auch sehen kann. »So richtig ein angehender Pauker mit dieser senkrechten Stirnfalte und der Brille mit Metallgestell. Man sieht auf Anhieb, dass er es bis zum Rektor eines Gymnasiums bringen wird.«

»Dafür musste ich aber hart arbeiten«, protestiert Pa. »Im Leben wird einem nichts geschenkt.«

»Ach was«, sagt Bardo lässig, »man kann das Leben auf sich zukommen lassen. Man muss nur offen dafür sein.«

»Mensch, jetzt hör endlich mit diesem Geschwätz auf«, schnauzt ihn Edwin an.

»Na, na, immer mit der Ruhe«, versuche ich zu begütigen. Warum ist er so feindselig? Kann er sich nicht ein bisschen beherrschen?

»Er glaubt, er hätte die Weisheit gepachtet, aber er klopft nur leere Sprüche.«

»Und wer ist das hier?«, ruft Steffie.

»Zeig mal … das ist Hilde, als Prinzessin verkleidet.«

Frank springt auf. »Das war der bonbonrosa Rock mit dem vielen Tüll … Damals warst du noch frivol, Hilde, schau doch nur, die Pumps.«

Er blickt mich vorwurfsvoll an. Ich weiß, dass er etwas gegen meine Kleidung, meine Haare, meine Schuhe, mein ungeschminktes Gesicht hat. Früher, wenn wir uns verkleidet haben, hatte er große Erwartungen an mich als *femme fatale*. Genau wie ich selbst. Was das betrifft, habe ich uns beide enttäuscht. Aber als ich in meinen Fachbüchern auf die Psychopathologie der *femme fatale* stieß, erkannte ich, dass es mir an der entsprechenden Neigung zum Narzissmus und zur Selbstzerstörung fehlte. Das ist nun mal nicht zu ändern, ob ich nun hohe Absätze oder Gesundheitssandalen trage. Ich will nicht, dass zwischen mir und meinen Klienten Lippenstift im Weg steht.

Steffie interessiert sich schon wieder für ein anderes Foto. »Schau mal, hier hat Papa einen Milchzahn verloren.«

»Nein«, korrigiert ihr Vater kühl, »da hat Bardo mir einen Zahn ausgeschlagen.«

Bardo ist verblüfft. »Ich? Wirklich?«

»Du hattest schon immer ein selektives Gedächtnis«, sagt Edwin scharf.

Pa blickt ergeben von Edwin zu Bardo und wieder zurück.

»Die beiden waren immer zerstritten. Eine ständige

Konkurrenz, ständig Keilereien. Zu kurz nacheinander geboren, hat Ma immer gesagt.«

Da geht Bardo ein Licht auf. »Jetzt weiß ich's wieder. Du hattest am Kanal so eine wunderschöne, blau glänzende Libelle gefangen und mit deinem Brennglas lebendig geröstet.«

»Pfui Teufel ...«, sagt Steffie.

»Daran erinnere ich mich nicht.«

»Du hattest schon immer ein selektives Gedächtnis«, wirft Bardo den Ball zurück und zwinkert dabei Steffie zu, »du hast alles getan, was junge Quälgeister gern tun mit Insekten, Fröschen, Eidechsen und anderen kleinen Tieren.«

Ob das das Kind ist, das Edwin hinter seinem makellosen Anzug und der Krawatte und den immer glänzend geputzten Schuhen verbirgt, hinter seiner eisigen Distanziertheit?

»Davon wusste ich gar nichts«, sage ich verdattert.

»Ihr wart auch noch nicht geboren«, sagt Bardo, »wir sind da so acht oder neun, schätze ich.«

Edwin zuckt mit den Schultern. »Du warst immer ein Franz von Assisi. Ich hatte einfach Forschungsgeist, eine Art wissenschaftlicher Neugier.«

»Und du hast alles gehasst, was Natur war. Einmal fanden wir auf einer Wiese einen riesigen Bovist, er sah aus wie ein weißer Luftballon im Gras. Ich hockte mich hin, um das Wunder vorsichtig zu berühren, aber du hast es einfach zertrampelt. Du konntest das nicht ertragen, so einen wunderschönen Pilz.«

»Du warst wirklich ein kleines Ekel, Paps«, folgert Steffie und blättert weiter. »Guck mal, was für eine alberne Brille du hier getragen hast!« Sie tollt durch unsere Familiengeschichte wie durch einen Vergnügungspark, laviert gewandt zwischen den verschiedenen Empfindlichkeiten hindurch.

»Das war damals so«, sagt Frank, »für Kinder gab es nur eine einzige Brillensorte, Typ Kassengestell. Nicht so viele tolle Modelle wie heute.«

»Aaach, Tante Hilde mit ihren Puppen. Ein ganzer Kinderwagen voll.«

»Hilde hatte mehr als zehn Puppen«, erinnert sich Pa. »Die schliefen alle bei ihr im Bett. Wir machten uns Sorgen, weil sie mit ihren Puppen sprach, als ob es Menschen wären. Ich schlug vor, jede Nacht eine wegzunehmen, unbemerkt, während sie schlief, bis der Puppenbestand auf die akzeptable Menge von drei Stück reduziert wäre. Aber schon als die erste Puppe verschwunden war, geriet sie in Panik, suchte überall, warf alles durcheinander. Ma hatte Mitleid und meinte, ich solle die Puppe zurückgeben. Nein, sagte ich, es ist krankhaft, sie soll sich Freundinnen suchen, mit denen sie quatschen kann.«

»Ach …«, Frank lacht mitleidig, »darum hat Hilde es nie gewagt, sich Kinder anzuschaffen. Sie sucht noch immer diese Puppe.«

Alle blicken mich an, und ich fühle mich unbehaglich, denn sonst bin eher ich diejenige, die andere forschend ansieht. Erwarten sie von mir, dass ich erkläre, warum ich mein Bett mit über zehn Puppen geteilt habe? Wollen sie wissen, wie ich, als Fachärztin für Seelenregungen, die psychischen Abweichungen in meiner Kinderzeit erkläre? Aber ich habe nie eine Analyse durchlaufen wie viele meiner Kollegen, ich habe keine Ahnung, warum ich das damals tat, es interessiert mich auch nicht. Ich habe genug zu tun mit den Macken anderer.

Ich zucke mit den Schultern: »Ich habe jetzt meine Klienten.«

»Wenn du sie nur nicht alle zugleich mit ins Bett nimmst«, warnt Bardo.

»Denk an die Ethikkommission!«, pflichtet Frank ihm bei.

Alle lachen, und Steffie klappt das Album zu.

»Es muss noch viel mehr davon geben«, sagt Pa, »irgendwo in einer Schachtel. Oma hat andauernd fotografiert, sie knipste alles, was sich bewegte. Diese Alben machen mich immer ganz traurig. Wenn man jung ist, glaubt man, das Leben würde ewig dauern, aber ehe man sich's versieht, ist es vorbei.«

»Es ist noch lange nicht vorbei, Pa«, protestiert Bardo. »Du musst nicht alles glauben, was die Ärzte sagen.«

»Schau…«

Mit Mühe hebt Pa die Hände, fünf Zentimeter vielleicht, dann fallen sie wieder zurück. »Vor zwei Monaten konnte ich mir noch selbst die Brille aufsetzen.«

Das Vorspiel der Feier ist vorbei. Wir haben zusammen gegessen und getrunken und einander mit Worten abgetastet, waren geschickt im Parieren und Ausweichen. Aufopferungsbereitschaft und Selbstlosigkeit sind zwar selten geworden in der heutigen Landschaft zwischenmenschlicher Beziehungen, aber wenn ich nicht auf ein bisschen Mitgefühl poche, hier und jetzt, wer dann? Jetzt kommt es darauf an. Es ist zwar kein elegant gewählter Moment, aber der einzige, bei dem alle zugegen sind. Wer will demnächst Pa seine Hände und Füße ersetzen, seinen Hunger und Durst stillen, seine Scham und seine Angst sehen, seine Reue vielleicht, und sei es nur für einen Tag in der Woche?

Ich hole tief Luft. »Es ist gut, dass Pa selbst davon anfängt, wo wir jetzt alle zusammen sind. Er wird künftig immer mehr Pflege brauchen.«

»Das ist überhaupt kein Problem«, sagt Edwin. »Es gibt ein hervorragendes Pflegeheim hier in der Nähe, mit hochqualifiziertem Personal.«

»Ich lasse mich nicht in ein Heim stecken«, ruft Pa, »zwischen lauter Kranke und Senile!«

»Du bist selbst auch krank«, weist Edwin ihn zurecht.

Mein Vater. Entthront durch seine Krankheit, Aufschwemmungen statt Muskeln. Nur seine Stimme hat noch die Kraft von früher, seltsamerweise, die Kraft unbeirrbarer Meinungen und Urteile.

»Ich möchte meine letzten Monate hier zu Hause verbringen. Mit Blick auf den Garten, den ich selbst angelegt habe. Mit meinen Büchern um mich herum und mit meinen Kindern.«

»Das ist, wir haben ja schon mal darüber gesprochen, ein bisschen schwierig, Pa«, sage ich vorsichtig, »weil wir alle berufstätig sind.«

Edwin pflichtet mir etwas zu eifrig bei: »Ich hatte noch nie so viel zu tun wie gerade jetzt.«

Um seine Worte zu illustrieren, steht er auf und beginnt hektisch auf und ab zu gehen. »Jetzt, wo die Börsenkurse fallen, muss ich höllisch aufpassen. Ich darf nichts übersehen. Konkurse, Jahresberichte, Fusionen, Prognosen, Gerüchte, die Politik – es ist ein so komplexes System wechselseitiger Einflüsse, dass man ständig das Gefühl hat, eine wichtige Information zu verpassen. Ihr dürft nicht vergessen, dass ich indirekt für die Ersparnisse Tausender Privatanleger verantwortlich bin, ich darf keinen Fehler machen. Du kannst dir das nicht vorstellen, Pa, zu deiner Zeit war alles anders.«

Edwins Leben ist eine einzige große Schachpartie gegen den Computer geworden. Die Uhr tickt und tickt, innerhalb von Sekunden erscheinen neue Informationen von der anderen Seite des Globus auf dem Bildschirm, rasch, rasch, entscheiden, handeln, die Spielfiguren versetzen. Sein Gehirn und das des Computers sind austauschbar geworden. Alle seine Sehnsüchte, Ängste, Ambitionen steckt er hinein – der Computer presst ihn aus wie eine Zitrone.

»Ich habe auch immer hart gearbeitet, junger

Mann«, sagt Pa energisch, »aber wenn meine Familie mich brauchte, war ich zur Stelle.«

»Dafür haben wir heute entsprechende Institutionen«, erwidert Edwin. »Ich bin bereit, für alles aufzukommen, am Geld soll es nicht liegen.«

»Ich will keine wildfremden Krankenschwestern um mich herum, die morgens die Vorhänge aufziehen und in routiniertem Ton fragen: Na, haben wir gut geschlafen?, während es ihnen im Grunde völlig egal ist, wie meine Nächte waren und ob ich noch lebe oder bereits tot bin. Die mich freundlich und herablassend behandeln, während sie noch nie von Plato gehört haben oder von Montaigne, denn das Einzige, was sie lesen, sind Illustrierte mit Make-up-Ratschlägen, Kochrezepten und Horoskopen und mit Fotos von jungen Frauen, die an Anorexie leiden und im Berber-Look herumlaufen, mit Ringen im Bauchnabel.«

»Ich kapier nicht, wo du die Ringe im Bauchnabel hernimmst, Pa, wirklich nicht«, sagt Frank verärgert.

Bevor das Gespräch abschweift, sage ich: »Ich könnte mir einen Tag in der Woche freihalten, das kann ich mit meinen Kollegen regeln. Und am Wochenende einen Tag kommen, wenn's sein muss.«

Frank sieht mich grimmig an. Als ich seinem Blick standhalte, schlägt er betreten die Augen nieder.

»Ich kann das auf keinen Fall einrichten, ich muss immer verfügbar sein«, sagt er in zerknirschtem Ton. »Wenn sie mich anrufen und fragen: Kannst du nächste

Woche in die Karibik fliegen, wir machen eine kreolische Serie, Kleider, Essen, Tanzen, du weißt schon, dann muss ich sofort startklar sein. Sonst kriegt jemand anders den Auftrag.«

»Und was ist, wenn du dir zum Beispiel mal das Bein brichst?«, gibt Pa zu bedenken. »Schau mich an, dann siehst du, wie verletzlich der Körper ist.«

»Ja, wenn ich mir das Bein breche, dann ist es natürlich erst mal aus. Dann humple ich vier Wochen mit einem Gipsbein herum und verdiene keinen Cent.«

Wieder höre ich Mas leises Lachen, es verfolgt mich schon den ganzen Tag. Dieses Lachen ist die einzige sinnliche Erinnerung, die ich an sie habe. Mir ihr Gesicht vorzustellen, kostet mich viel mehr Mühe. Weil sie die Fotografin der Familie war, ist sie die große Abwesende in den Fotoalben. Es gibt keine guten Aufnahmen von ihr aus der Zeit meiner Kindheit. Nur das leise Lachen habe ich hinüberretten können, es ist das einzige Instrument, über das ich verfüge, um ihre Stimmung zu ergründen. Heute zum Beispiel ist sie schockiert: So egoistisch sind sie also geworden, jeder ist nur mit sich selbst beschäftigt. Die Karikatur einer Familie. Wo Pa doch so viele Opfer für sie gebracht hat, wenn auch auf seine eigene, tyrannische Weise. Ein bisschen Zuwendung in seinen letzten Lebensmonaten, ist das denn zu viel verlangt?

»Und Floor...«, sagt Frank, »hat die nicht Zeit im Überfluss?«

Floor weicht seinem Blick aus. »Ich mache gerade eine Therapie...«

»Du?«, fragt er ungläubig. »Du machst eine Therapie?«

Frank bekommt nie etwas mit, er ist immer auf Reisen. Der Einzige, bei dem er sich hin und wieder blicken lässt, ist Pa, ein Pflichtbesuch am Sonntagnachmittag. Für seine Schwägerin hat er nie viel Respekt empfunden, das hat er mir nie verheimlicht. Wenn Frank jemanden nicht leiden kann, bemüht er sich nicht gerade um Feinfühligkeit. Mein anhänglicher, sanftmütiger Bruder ist im Laufe der Jahre hart in seinen Urteilen geworden. Das ist traurig, denn es bedeutet, dass er keine hohe Meinung von sich selbst hat.

»Na ja, ich habe hin und wieder ein Tief. Dann geht es mir so schlecht, dass ich nicht mal Tageslicht vertrage.«

»Du meinst Migräne«, folgert Frank.

»Wenn es nur Migräne wäre«, seufzt Edwin.

Floor schämt sich. Das ist nichts Neues, solange ich sie kenne, ist sie von Scham umgeben wie von einem Körpergeruch, der sich auch mit den teuersten Parfums nicht vertreiben lässt.

Frank blickt sie ironisch an. »Davon wusste ich überhaupt nichts. Aber warum? Ihr habt keine finanziellen Probleme, um es gemäßigt auszudrücken. Du hast eine wohlgeratene Tochter, einen erfolgreichen Mann, der alles für dich tut und der nicht säuft..., wie kannst du da depressiv sein?«

»Ich bin oft so benommen von den ganzen Pillen, dass ich keinen Unterschied mehr sehe zwischen Tag und Nacht«, sagt sie in einem Ton, als begründe der Umfang ihres Medikamentenkonsums die Depression.

Es folgt peinliche Stille. Keiner der Anwesenden will sich die Finger verbrennen.

»Pfff«, macht Steffie und fächelt sich mit der Hand Kühlung zu, »wird das hier noch ein Geburtstag oder nicht?«

»Ihr seid also alle unabkömmlich«, konstatiert Bardo.

Eine düstere Diagnose, von seiner Warte aus betrachtet. Mit gerunzelter Stirn blickt er von einem zum andern, als sähe er seine schlimmsten Ahnungen über uns bestätigt. Opfer einer überdrehten Gesellschaft sind wir in seinen Augen, an die Stelle jedes Wunsches, der in Erfüllung geht, tritt ein unerfüllter Wunsch, das Individuum wurde zum König erhoben, und wer sitzt auf dem Thron? Ein einsamer Egoist. Ein trauriges Königreich voller Hochspannungsmasten, unsichtbarer Wellen, die die Atmosphäre durchdringen, Internetverbindungen, Telefongespräche, Anweisungen für den Luftverkehr, Rundfunk- und Fernsehsendungen. Und überall Autos, Busse, Eisenbahnen, Flugzeuge – nirgends mehr Stille, außer an einer einzigen Stelle irgendwo im Wald in der Provinz Utrecht, wie irgendwer wissenschaftlich bewiesen hat. Bardo preist sich glücklich, er ist dem Karussell rechtzeitig entkommen.

»Leute«, ruft Frank uns zur Ordnung, »der Abend

droht ungemütlich zu werden! Die Torte ist übrigens lecker. Bardo, erzähl doch mal was Interessantes. Du bist hier der Abenteurer. Erzähl noch was von deinem Leben im Süden, damit wir uns in diesem sumpfigen Morast etwas darunter vorstellen können. Erzähl was von… nein, nicht von den Bäumen…«

»Bäume«, schnaubt Edwin.

»Erzähl etwas über dein Leben als Musiker…«

Ich hatte es mir so schön überlegt, wie wir Pa in seinem eigenen Haus voller Blumen und leckerer Häppchen bis zum Schluss pflegen könnten, mit seinen Lieblingssymphonien und Lieblingstragödien und regelmäßigem Besuch von Herrn de Montaigne. Oder von Herrn Schopenhauer. Abwechselnd könnten wir ihm vorlesen. Aber wie die Dinge nun stehen, wird Schopenhauer vergebens bei ihm anklingeln und sich enttäuscht trollen. Wenn niemand da ist, der ihm die Tür öffnet, wo soll er dann hin mit seiner aufmunternden Lebensverachtung?

Ich hätte Pa gern geholfen, sanft vom Sein ins Nichtsein hinüberzugleiten, wie jemand, der einen schönen Traum träumt und glaubt, wach zu sein.

Frank

Ich bin hier mehr oder weniger eingesperrt bei der Ausübung meines Berufs. Wer mich um den Glamour beneidet, müsste einmal sehen, wie ich hier auf einer schauerlichen Glibberdecke liege, meinen Gedanken ausgeliefert, die, wie eine Zunge zu einem hohlen Zahn, immer wieder zu Pas Geburtstag wandern.

Zu dem Augenblick, als Hilde ihren Appell an uns richtete. Es war zu erwarten gewesen, dass sie eines Tages von diesem Thema anfangen würde, bereits mit einer Aufgabenverteilung im Kopf. Ich hatte immer gehofft, das Problem würde sich von allein lösen, ohne zu wissen, wie. Sie fing in Pas Gegenwart davon an, was ich sehr taktlos fand. Sie als Therapeutin hätte sich wirklich einen passenderen Moment aussuchen können. Aber sie steuerte geradewegs auf eine Konfrontation zu.

Ich habe mir keine Blöße gegeben. Meinen Widerwillen gegen die körperhygienische Seite der Angelegenheit konnte ich unmöglich eingestehen. Genauer gesagt, meine Unfähigkeit – ich kann's einfach nicht. Mir würde übel werden, wenn ich Pa in dieser schrecklichen Hebevorrichtung über dem Nachtstuhl

hängen sähe, mit entblößtem Hintern, den baumeln-
den Hoden und dem Rest des Instrumentariums, mit
dem er uns gezeugt hat. Ich könnte die Scham nicht
ertragen, abgesehen von dem Unästhetischen der
ganzen Szene und meinem unvermeidlichen Anteil
daran. Jeden Gedanken daran blocke ich einfach ab.
Keiner kann das von mir verlangen.

Es gibt Menschen mit ästhetischem Empfinden und
solche, denen es völlig einerlei ist, ob sie einen Anzug
von der Stange tragen, der zu einem Spottpreis in
einer obskuren Fabrik in Rumänien oder China ge-
näht wurde. Wenn diese anderen dann auch noch das
Herz am rechten Fleck haben, sind sie wie geschaf-
fen, um jemandem wie meinem Vater eine gute Ster-
bebegleitung zukommen zu lassen. Dafür bieten die
Ästheten visuellen Genuss in allen möglichen Varian-
ten, das ist etwas Zartes und Verletzliches inmitten all
der Hässlichkeit, von der wir umgeben sind.

Ich wollte dem Gespräch unbedingt eine andere
Wendung geben. Wir brauchten neutrale Wörter, die
zusammen eine Geschichte bildeten, die nicht die
unsere war. Wörter, die unsere Gedanken aus dem
beklemmenden Hier und Jetzt befreiten, damit wir
erleichtert aufatmen konnten.

Ich sah Bardo erwartungsvoll an.

»Erzähl doch mal was aus deinem Musikerleben«,
höre ich mich noch sagen. »Hast du nicht jahrelang
von der Musik gelebt? Als ich noch klein war, sagte
Ma immer, ich hätte einen großen Bruder, der in Paris

auf der Straße spiele... Mit französischen Kindern?, fragte ich. Nein, sagte sie, auf dem Saxophon...«

Gelächter, Ablenkungsmanöver gelungen. Bardo hat ein untrügliches Gespür dafür, was von ihm erwartet wird – wie ein Akrobat, der auf Zuruf Kunststücke vorführt.

»Äh... zuerst habe ich mir immer einen Platz gesucht, so einen, bei dem ich dachte: Hier möchte ich spielen.«

Bardo erhebt sich aus dem abgewetzten Ledersessel, in dem Pa früher immer gelesen hat, geht hin und her, schaut sich suchend um, so als würde er gerade einen Entschluss fassen.

»Hier ist ein guter Platz, auf dieser Gehwegplatte und keiner anderen. Es ging um die Akustik, aber auch darum, dass genug Leute vorbeikamen. Und dass Leute, die zuhören wollten, stehen bleiben konnten, sich irgendwo anlehnen oder auf eine Bank setzen, die zufällig in der Nähe stand. Ich hatte einen tollen Hut, einen schönen Homburg, der lag vor mir. Dann fing ich laut an zu spielen. Das lockte manche Leute an, andere gingen einfach weiter. Aber ich habe nie vor einem Straßencafé gespielt, unter keinen Umständen. Das war nicht mein Ding. Ich habe auch nicht die Stücke gespielt, die die Leute gern hören wollten, ich habe meine eigene Musik gemacht. Es war meine Art der Einkehr, mein Gebet, meine Andacht. Man muss jeden Tag üben. Nicht selten stand ich abends um acht noch mit meinem Saxophon auf der Straße und sollte um elf Uhr irgendwo einen Gig spielen. In einer Kneipe mit anderen Musikern. Wir improvisierten einfach drauflos und wurden dafür auch noch bezahlt.«

»Und was hast du mit deinem Gepäck gemacht, äh... deinem Koffer, deinem Rucksack, deinen Sachen?«, erkundigt sich Floor nach der praktischen Seite.

»Außer meinem Saxophon besaß ich nichts. Das Instrument hängte ich mir über die Schulter, und in einem kleinen Rucksack war alles, was ich sonst noch brauchte. So hatte ich immer die Hände frei.«

»Ich finde das einfach toll, so durch die Welt zu ziehen«, seufzt Steffie begeistert, »und nichts bei sich zu haben als sich selbst und die Musik, von der man lebt.«

»Na, du bekommst doch auch schon seit Jahren Geigenunterricht«, sagt ihr Vater, »in einiger Zeit spielst du vielleicht auch in einem Trio oder einem Quartett.«

Steffie rümpft die Nase. »Geige spielen ist so öde...«

»Geige ist doch in Ordnung«, meint Bardo, »denk mal an Stéphane Grappelli.«

»Das hört sich ja alles ganz verlockend an, so wie du es schilderst«, Edwins Stimme klingt überheblich, »der edle Vagabund, aus der Konsumgesellschaft ausgestiegen, die absolute Freiheit... aber in der Praxis läuft es ja doch nur auf schmutzige Unterhosen, Körpergeruch, Filzläuse und ungepflegte Zähne hinaus.«

»Jetzt reicht's aber«, rufe ich empört. Warum muss Edwin die Feier ständig sabotieren, wo sie doch gerade in ruhigerem Fahrwasser angekommen ist.

Bardo geht auf Edwin zu, bis sein Gesicht ganz nah vor dem seines Bruders ist, und entblößt mit breitem Lächeln prachtvolle, schneeweiße Zähne.

»Siehst du hier einen einzigen faulen Zahn?«

Überrumpelt von so viel Bruder in solcher Nähe weicht Edwin zurück.

Freundschaftlich legt Bardo ihm die Hand auf die Schulter. »Compañero, habe ich Körpergeruch?«

Edwin schüttelt die Hand ab und zieht seine Krawatte zurecht.

»Du hast dich zu diesem Anlass sicher gewaschen«, sagt er frostig. »Wo war ich stehen geblieben? Schmutzige Unterhosen, Filzläuse... und die Gastfreundschaft anderer ausnutzen... sagen wir ruhig: schmarotzen.«

»Bitte, Edwin«, fleht Hilde.

»Ich bin nicht sein Compañero. Ich kenne diese Typen.«

Jetzt braust Floor auf. Für ihre Verhältnisse ungewohnt bissig sagt sie: »Wieso kennst du diese Typen? Sieh dich doch selber an. Du würdest keinen Tag überleben ohne Geld in der Tasche, ohne Dach überm Kopf, ohne eine Putzfrau, die dir die Hosen bügelt, ohne eine Sekretärin, die deine Zahnarzttermine regelt und dir in der Mittagspause Sushi holt.«

Steffie macht eine gelangweilte Handbewegung.

»Papa ist vollkommen verbörsenberichtet, erzähl weiter, Bardo.«

»Ja«, drängt Pa, »ich habe mich die ganzen Jahre gefragt, was du wohl so treibst. Jetzt will ich es endlich erfahren! Aber zuerst will ich einen Schnaps.«

»Pa…«, protestiert Hilde, »noch so spät am Abend.«

»Ich habe immer noch Geburtstag. Im Himmel gibt's kein Bier, drum trinken wir es hier.«

Pa wird noch trivial, wenn er nicht aufpasst, wo um Himmels willen hat er so einen stumpfsinnigen Karnevalsspruch her? Murrend schenkt Hilde ihm ein. Sie sollte auch mal ein Gläschen trinken, vielleicht würde dann diese erdrückende Besorgtheit von ihr abfallen, mit der sie uns alle ansteckt, wenn wir nicht aufpassen. Ich entkorke noch eine Flasche Rotwein und schenke allen ein, in der Hoffnung, dass der Alkohol uns ohne weitere Havarie durch den letzten Teil des Geburtstages lotsen wird.

»Warst du nicht auch eine Zeit lang in Italien?«, frage ich.

Bardo trinkt einen kräftigen Schluck und nickt.

»Ich hatte einen Musiker getroffen, der von einer Mucke in Mailand wusste. Nachdem ich dort eine Weile gespielt hatte, sagte jemand: Es gibt ein phantastisches Konzert in Genua. Wir also ab nach Genua. In der Pause unterhielten wir uns mit den Leuten von der Band, und sie luden uns ein, mit ihnen zu spielen. In Pisa, Rom, Florenz. Ein Jahr lang habe ich in Italien gespielt, ohne je ein Hotelzimmer von innen zu sehen. Ich habe mal hier, mal dort geschlafen. Bei Freunden, die eine Wohnung hatten, gesicherte Verhältnisse.«

»Wie ich schon sagte«, bemerkt Edwin, »ein Schmarotzer.«

»Ich stützte mich auf die Sicherheit anderer. Dafür bekamen sie frischen Wind ins Haus, jemanden, der auch mal für sie kochte.« Nachdenklich setzt er hinzu: »Weißt du, wenn jemand in deinem Haus für dich kocht, schmeckt das gleiche Gericht ganz anders.«

Demonstrativ gähnend steht Edwin auf. Er stellt den Fernseher an, einfach irgendein Programm, und setzt sich davor. Den Ton stellt er zwar ab, doch es ist unhöflich und verletzend, sich stumm bewegende Bilder einem lebendigen Bruder vorzuziehen, den man drei Jahrzehnte nicht gesehen hat. Mein hyperkorrekter ältester Bruder ist in diesem Provokateur kaum wiederzuerkennen. Es hängt sicher mit einer Sache zusammen, die Hilde mir irgendwann anvertraut hat, die es wiederum von Ma erfahren hatte – Floor war zuerst die Freundin von Edwin, dann von Bardo, heiratete aber schließlich Edwin, weil Bardo auf und davon war. Es hatte etwas mit einer Schwangerschaft zu tun, die schließlich mit einer Fehlgeburt endete, aber da war das Unheil schon geschehen. Welches Unheil? Ich habe es nie ganz begriffen. Es muss eine heikle Angelegenheit gewesen sein, über die in meiner Jugend nie gesprochen wurde.

Ich weiß noch, dass es tabu war, Bardos Namen aus-zusprechen, was ihn für mich als Kind besonders interessant machte. Wo war er, was trieb er? Wenn ich Straßenmusikanten sah, blieb ich immer stehen und hörte ihnen zu. Dabei hoffte ich, die Franzosen wür-den das Gleiche bei meinem Bruder tun. Nie konnte ich weitergehen, ohne etwas von meinem Taschen-geld in den Hut fallen zu lassen. Was, wenn die Fran-zosen ihm nichts gäben und er vor Hunger umkäme!

Und nun hat dieser sagenumwobene Bruder sicht-bare Gestalt angenommen. Es gibt ihn tatsächlich, er ist hier und befriedigt endlich all meine Neugier, wenn auch mit großer Verspätung.

»Italien hat mich sehr gut behandelt. Spanien übri-gens auch. In Südeuropa wird Straßenmusikern mehr Respekt entgegengebracht als im Norden. Hier sieht man immer ein wenig auf sie herab. Nach einem Jahr Italien hatte ich genug von dem Hin- und Hergefahre über Autostradas. Ich ging nach Spanien. Soll ich euch mal was sagen? Es ist merkwürdig, wie aufge-schlossen man in einem bestimmten Moment seines Lebens, in einer bestimmten Umgebung, einem Land oder einer Stadt, plötzlich für Veränderungen sein kann. Für Ereignisse. Auch in einer Gemeinschaft kann plötzlich eine Art kollektive Neugier entste-hen. So erinnere ich mich an eine bestimmte Zeit in Madrid. Ein exilierter Dichter war dort damals Bür-germeister. Auf poetische Weise bewirkte er eine Öff-nung der ganzen Stadt. Es gab einen Wirbel kultureller und festlicher Ereignisse, ein großes Spektakel. Madrid schäumte vor Leben über, obwohl es eigentlich eine Provinzstadt ist, so mitten auf der Iberischen Halbinsel.«

Floor schaut ihn begeistert an, mitgerissen von all den Bildern einer glutvolleren Existenz als der ihren. Zweifelsohne ist sie von ihrem unwiderstehlichen Schwager, der wie ein Deus ex Machina wieder in unserem Leben erschienen ist, tief beeindruckt.

»Die Kunst besteht darin, im richtigen Moment am richtigen Ort zu sein«, bestätige ich. Etwas Originelleres fällt mir nicht ein.

»Du scheinst mit deinem Leben sehr zufrieden zu sein«, folgert Pa, »auch wenn es recht unorthodox ist.«

Bardo streckt die Arme in die Luft und macht mit den Händen halbkreisförmige Bewegungen.

»Wusstest du, dass es nichts Schöneres gibt, als unter einer Platane Saxophon zu spielen? Ein akustisches Blätterdach. Große Blätter, die sich übereinander schieben. Über Konzertsäle müssten sich Decken aus Platanenblättern wölben.«

»Spiel doch mal was!«, ruft Steffie.

Ich schließe mich an. »Ja, wir wollen dir jetzt zuhören!«

Musik, das ist es, was wir brauchen. Musik eignet sich besser als Worte, diesen Abend festlich zu beschließen.

Bardo greift zu seinem Saxophon. Er hantiert daran herum, bläst es warm und spielt dann das Thema eines Evergreens, *Don't fence me in.* Ein Stück, das zum Anlass passt, denn wer von uns fühlt sich nicht eingesperrt an diesem Geburtstag, in einem Haus, das nicht mehr lange unser Elternhaus sein wird?

Während Edwin noch näher an den Fernseher heranrückt, ziehe ich, um Bardo zu ermuntern, Steffie auf eine imaginäre Tanzfläche. Auch wenn es vielleicht nicht ihre Art von Musik ist, hat sie sofort den Rhythmus raus. Wir halten einander mit einem Finger fest, sie dreht sich zu mir hin und wieder zurück, und ich mache es ebenso. Hin und wieder lassen wir einander los und bewegen unsere Körper ganz frei zur Musik. Alles vergessen, ganz und gar Musik werden. Wie ein tanzender Derwisch den Kopf völlig leer zentrifugieren, bis nichts mehr übrig bleibt als das stumpfsinnige, primitive Bewusstsein der eigenen Nichtigkeit im Kosmos. Bardo spricht seine Gebete, ein Stück geht nahtlos ins nächste über, mit Improvisationen dazwischen, professionell genug, um uns davon zu überzeugen, dass er noch immer weiß, was Musik machen ist.

Floor kann Hilde überreden, unserem Beispiel zu folgen, und stellt sofort, ich habe die Gläser nicht gezählt, in übertriebener Weise Sinnlichkeit zur Schau. Die Bluse zu weit offen, der Busen sichtbar wogend – so hatte ich mir das nicht vorgestellt. Sinnlichkeit ist nur dann nicht aufdringlich, finde ich, wenn es die eines erblühenden Mädchens ist, das sich seiner erotischen Ausstrahlung noch nicht bewusst ist. Wie

Steffie, sie bewegt sich so natürlich wie eine Blume auf der Wiese, die sich im Wind wiegt.

Ich weiß nicht, wie lange wir getanzt haben. Irgendwann spielt Bardo ein Stück, bei dem ich an ein schwarzes Liebespaar in einem schmuddeligen Hotelzimmer in Harlem denken muss. In einem gnädigen Moment des Vergessens drehe ich mich mit halb geschlossenen Augen langsam im Kreis, als Bardos Spiel abrupt verstummt. Nach einer halben Drehung um die eigene Achse komme ich zum Stillstand.

»Ich werde es tun«, sagt er.

»Was?« Hilde wischt sich den Schweiß von der Stirn.

»Ich werde mich um Pa kümmern.«

»Du?«, schnaufe ich.

»Du?«, echot Floor.

Bardo lacht etwas matt, vielleicht sogar über seinen kühnen Einfall. Edwin stellt den Fernseher aus und setzt sich verblüfft zu uns.

»Du?«

»Weißt du überhaupt, was du da sagst?«, herrscht Hilde Bardo an.

Es klingt wie eine Anschuldigung, als wollte sie ihn warnen, bloß keine Witze zu machen.

»Weißt du überhaupt, was es bedeutet, Tag und Nacht mit ihm beschäftigt zu sein, wer weiß, wie lange noch…?«

»Es macht mir nichts aus, wie lange.«

»Wer hätte das gedacht, dieser… seltsame Sohn, der sich nie hat blicken lassen…«

Pa ist angetrunken und müde, er artikuliert undeutlich, und sein Kopf wackelt etwas. Aber seine Augen richten sich groß und erwartungsvoll auf Bardo.

»Du würdest… du würdest dich um diesen alten Griesgram kümmern?«

»Aber du weißt überhaupt nicht, wie das geht…«, sagt Floor, während sie ihre Bluse in Ordnung bringt, »ich meine, du hast so was noch nie gemacht.«

Sie soll die Klappe halten und wieder in ihren Depressionen versinken.

»Bring es mir bei«, sagt Bardo herausfordernd, »sag mir, was ich tun muss. Ich habe nur einen Vater, er ist für mich etwas Besonderes, so wie ich für ihn. Ich denke, wir können einen Kompromiss schließen, wobei jeder sagt, wie er sich die Sache vorstellt, so dass wir beide was davon haben.«

»Pa ist kein Baum«, sagt Edwin verächtlich. »Es reicht nicht, etwas von Beschneiden und Düngen zu verstehen.«

Bevor er die Chance, die sich da eröffnet, verspielt, sage ich: »Mir scheint es eine hervorragende Lösung… aber warum bietest du das an? Warum ausgerechnet du?«

»Weil ich über meine Zeit frei verfügen kann. Ich habe den Eindruck, dass eure Zeit ständig schrumpft, während ich in einer Zeit lebe, die sich endlos dehnt. Ihr habt so furchtbar viel zu tun. Aber ihr vergesst, dass Pa auch viel zu tun hat, dass er mehr zu tun hat als ihr alle zusammen. Er hat nämlich nur noch ein paar Monate zu leben, und diese paar Monate muss er nutzen, so gut er kann, er muss sie genießen, so weit ihm das möglich ist.«

Wir starren Bardo an. Stimmt etwas nicht mit unserer Zeit? Könnte es sein, dass sie zusammenschrumpft, bis sie uns nicht mehr passt? Wenn ich jetzt daran zurückdenke, hier in diesem schottischen Hotelzimmer, wo mir die Zeit wie eine zähflüssige Masse vorkommt, sehe ich wieder den Schafhirten vor mir, an dem wir auf dem Hinweg vorbeigefahren sind. Reglos stand er da, auf seinen Stock gestützt, sein Blick glitt über eine riesige Herde auf einer Hochebene im Nieselregen. Wie es wohl ist, dort Stunden, Tage, Monate zu stehen? Ist das Bardos Zeit? Die meisten von uns stopfen ihre Zeit mit Aktivitäten voll, Zeit ist Geld, lautet unser Motto, während für Bardo Zeit das Gegenteil von Geld zu sein schien. Vielleicht war es ein großer und wichtiger Augenblick, der unser Leben hätte ändern können, eine lehrreiche Fabel über eine Schnecke und einen Hasen, aber er ist uns entglitten, denn Bardo sagte es so leicht dahin, als hätte es nichts zu bedeuten, als wollte er uns nicht kritisieren. Das Schlimmste war, dass er offenbar unsere Würde nicht verletzen wollte, obwohl er eigentlich ein Urteil über uns alle sprach.

Ich sehe es noch genau vor mir, wie wir dort stehen, im Tanz erstarrt, überrumpelt und schuldbewusst. Edwin aber erträgt es nicht und sagt herablassend: »Richtig, du hast sonst nichts zu tun, du hast Zeit genug.«

»Mucho tiempo!« Bardo nickt und breitet die Arme aus, um zu zeigen, dass seine Zeit ohne Maß ist.

»Auf ein Erbe bist du ja wohl nicht aus, hier ist nämlich kein Cent zu holen«, fährt Edwin fort.

Das Gesicht vom Bokma gerötet und mit funkelnden Augen, als stürze er sich voller Hingabe in ein jugendliches Abenteuer, ruft Pa: »Bravo, ich mache mit!«

Edwin dreht sich frostig um.

»Ist dir klar, dass du dann der Gnade dieses… Nichtsnutzes ausgeliefert bist, statt in fachkundigen Händen zu sein?«

»Fachkundig bedeutet nicht unbedingt liebevoll«, sagt Floor mit einem koketten Blick auf Bardo.

»Aber wenigstens zuverlässig. Ich bleibe dabei, dass ein Pflegeheim viel angemessener ist. Professionelle Pflegekräfte, gute medizinische Versorgung, die nötigen Apparate.«

Pa ist mit seiner Geduld am Ende.

»Jetzt hör endlich auf mit diesem Heim!«

»Ich finde es großartig, dass du dich dazu bereit erklärst«, sage ich. Durch die grenzenlose Erleichterung, die ich empfinde, wird mir bewusst, dass die Frage, wer die Pflege meines Vaters übernimmt, doch auf meinem Gewissen lastete. Die Lösung, die jetzt im Raum steht, wäre in gewissem Sinne auch nur gerecht: Eigentlich steht Bardo bei uns, den Geschwistern, die nach Mas Tod jahrelang die Verantwortung für Pa getragen haben, in der Kreide. Jetzt ist er sozusagen an der Reihe.

Mit unverhohlenem Erstaunen und Respekt schaut Pa Bardo an. So hat er mich, uns, noch nie angesehen.

»Du hältst wirklich einiges an Überraschungen für mich bereit«, sagt Pa. »Wenn deine Mutter das erlebt hätte... sie würde... sie würde zu mir sagen: Siehst du, dass ich Recht hatte? Sie hat immer an dich geglaubt. Wenn sie die Chance gehabt hätte, hätte sie sich auch so ins Leben gestürzt wie du.«

»Ich kann mir kein schöneres Geburtstagsgeschenk vorstellen...«, pflichtet ihm Hilde bei, »ich kann es kaum glauben.«

»Es ist kein Geschenk«, sagt Bardo gelassen, »es ist ein Experiment.«

In einer Anwandlung von Freude trete ich auf meinen Vater zu. Ich nehme seine schlaffe Hand in die meine, obwohl ich weiß, dass er nicht gern von einem Mann angefasst oder geküsst wird, nicht mal von seinen eigenen Söhnen und vor allem nicht von mir. Weil er die Hand nicht wegziehen kann, schüttelt er unwirsch den Kopf und sagt schroff: »So ist es, und jetzt will ich ins Bett.«

Hilde, der nie etwas entgeht, zieht mich taktvoll beiseite und erklärt, Pa sei von der ganzen Aufregung erschöpft, und die Geburtstagsfeier müsse nun wirklich ein Ende haben. Pa könne beruhigt und zuversichtlich schlafen gehen, nachdem das Fest für ihn und für uns alle eine so angenehme Wendung genommen habe.

»Wenn hier niemand Vernunft annehmen will«, brummt Edwin, »dann gehen wir eben. Komm, Floor, ich muss noch etwas für morgen vorbereiten.«

»Ich kann doch nicht einfach gehen«, protestiert sie mit einer Geste in den Raum, »jemand muss doch aufräumen und abwaschen.«

»Dann kommst du eben nach. Du bist ja mit deinem Wagen da, er ist übrigens wieder unmöglich geparkt.«

Resolut geht Edwin zu Pa und legt ganz kurz die Hand auf dessen Hand. »Auf Wiedersehen, Pa, du weißt, wie ich darüber denke.«

So macht man das also, die bleiche, aufgedunsene Hand nur symbolisch berühren.

»Komm, Steffie, nimm deine Sachen.«

Sie schaut ihren Vater herausfordernd an. »Ich fahre nachher mit Mama.«

»Kommt gar nicht in Frage.«

Mit einem lakonischen Seufzer nimmt sie ihre Geige. »Tschüs, Opa, ziehst du nachher den neuen Pyjama an?« Sie beugt sich über ihn und küsst ihn auf die Wangen.

»Mal sehen, Kind, mal sehen«, murmelt Pa müde.

Sie umarmt Bardo, als würde sie ihn seit Jahren kennen. »Schön, dass du bleibst, dann kann ich so oft vorbeikommen, wie ich will.«

»Bring dann mal das Ding hier mit.« Bardo klopft auf den Geigenkasten.

»Vielleicht«, lacht sie.

Kaum sind sie weg, da beginnt Floor mit verhaltener Wut Tassen und Teller zu stapeln. Hätte ich ihr nur geholfen, wäre ich nur bis zum Schluss dageblieben.

Aber nein.

Hilde sagt: »Komm, wir bringen Pa ins Bett.« Und ich rufe schnell: »Leute, ich muss los!«

Sie wirft mir einen entrüsteten Blick zu.

»Gute Nacht, Pa!« Ich winke ihm zu und lege dann meine Hand, als Abschiedsgruß, auf Bardos Schulter. »Gute Nacht, Überraschung des Jahres!«

Elegant habe ich mich davongemacht. Als das unappetitliche Nachtritual begann, saß ich bereits unbehelligt in meinem Saab und brauste auf ein bisschen Instantliebe zu. Eine schwere Last war von meinen Schultern genommen. Ich hatte die Freiheit, alle Aufträge anzunehmen, die ich wollte, je weiter von zu Hause weg, desto besser. Dachte ich.

Diese Euphorie währte keine vierundzwanzig Stunden. Heutzutage werden keine Schlachten mehr geschlagen, die Menschen galoppieren nicht mehr mit vorgestreckten Lanzen aufeinander zu. Die Schlachten von heute haben einen anderen Charakter. Sie tarnen sich als Feier, und es fließt dabei kein Blut.

Floor

Schade, dass es dunkel ist, ich hätte gern etwas von den Pyrenäen gesehen. Bei der letzten Toilettenpause hörte ich zum ersten Mal jemanden Spanisch sprechen, einen besseren Beweis, dass ewiger Schnee zwischen mir und meinem Heimatland liegt, gibt es nicht. Der Bus fährt in ruhigem, gleichmäßigem Tempo durch unsichtbare Landschaften, und die meisten Passagiere schlafen oder tun so, als ob. Mit dem beneidenswerten Vertrauen der Jugend schläft Steffie mit offenem Mund, den Kopf auf ihrer zusammengerollten Jacke.

Ich fühle mich unbehaglich. Es ist, als seien meine Körperzellen in höchster Alarmbereitschaft, ich kann mich einfach nicht entspannen. Sind das Entzugserscheinungen, oder liegt es daran, dass ich das Geschehene wieder und wieder durchlebe?

Nach hundert Jahren Schlaf hat er mich wach geküsst, und ich habe nicht ernsthaft versucht, ihm zu widerstehen. Ich sehe mich mitten im Zimmer stehen, in Mantel und Schal, ernüchtert durch das Abwaschen und Aufräumen. Ich war bei Pa, um ihm gute Nacht zu sagen, aber er schlief schon. Hilde ist gerade gegangen. Da stehe ich, zum ersten Mal mit ihm allein, Auge in Auge, und wittere die Gefahr.

»Na, dann werde ich auch mal gehen«, höre ich mich tausende Male sagen, und es ist mir auch Ernst. »Bis morgen, wir kommen alle zum Brunch wieder hierher.«

»Komm…«, Bardo legt die Hand einladend auf das Sofa beim verglimmenden Kaminfeuer, »trink noch ein Glas Wein mit mir.«

»Nein, lass mal«, sage ich abwehrend, »ich muss nach Hause. Edwin wartet auf mich, er geht nie vor mir zu Bett.« Es ist ein feiger Versuch, mich hinter Edwin zu verschanzen und hinter der alten Gewohnheit, gemeinsam schlafen zu gehen, die längst ihren Glanz verloren hat.

Mit ruhiger Hand schenkt Bardo zwei Gläser ein. »Setz dich noch einen Moment in Ruhe hin, auf ein Glas vor dem Schlafengehen.«

Mein Vater hätte gesagt: Genau so geht der Teufel zu Werk, er schenkt dir ein Glas ein, und du fühlst dich, als hätte er ein herrliches warmes Bad für dich bereitet, aber es ist die Hitze des Fegefeuers, und es gibt keinen Weg zurück, denn von dort ist noch niemand zurückgekehrt, um davon zu berichten. Gott und der Teufel sind schon vor langer Zeit aus meinem Leben davongeradelt, und zwar durchaus kameradschaftlich, was meine Ahnung nur bekräftigt hat, dass sie insgeheim schon immer gemeinsame Sache gemacht haben. Gott und der Teufel waren wie ein altes Ehepaar, zwei Partner, die sich über die Jahre hin so ähnlich wurden, dass man nicht mehr wusste, wer von beiden woran schuld war. Ich glaube nicht mehr an sie, wie sollte ich, ich glaube nicht einmal mehr an mich selbst.

Bardo wirft ein paar Holzscheite ins Feuer und setzt sich aufs Sofa, als wäre er hier zu Hause. Als wäre er nicht vor Jahren zur Tür hinausgeworfen worden, mit den unwiderruflichen Worten: Ich will dich hier nie mehr sehen!

Mir fällt keine Ausflucht mehr ein. Mein Körper weiß viel besser als ich, was er will. Ist er deshalb klüger? Ich bezweifle es, aber ich habe nicht nur Angst, sondern auch Respekt vor seinen Signalen. Deshalb ziehe ich den Mantel wieder aus und hänge ihn über eine Stuhllehne, sorgfältig, als wollte ich Zeit gewinnen und es mir vielleicht noch anders überlegen. Schließlich setze ich mich ergeben neben Bardo aufs Sofa, im vollen Bewusstsein meiner Machtlosigkeit gegenüber etwas, was stärker ist als ich. Etwas Unabwendbares, gegen das ich mich nicht wehren kann und das ich vielleicht sogar herbeisehne.

»Zum Wohl«, sagt er, »auf unser Wiedersehen.«

Unsere Gläser stoßen mit einem freudvollen Klang aneinander. Ich habe das Gefühl, aus einer jahrelangen Verbannung zurückgekehrt zu sein. Aus einem unwirklichen Land, wo ich meine eigenen Gedanken nicht kannte. Wo meine Gefühle nicht mehr mir selbst gehörten, sondern einer Armee wechselnder Therapeuten, die in dem Wahn befangen waren, mir einen Spiegel vorzuhalten, in dem ich mich erkennen sollte.

Bardo blickt auf sein Glas. »Ich tu es für mich, weißt du ...«, sagt er nachdenklich. »Meine Mutter ist mir damals entglitten, das war sehr schlimm. Ich saß in der Sierra Nevada unter Orangenbäumen und wusste von nichts. Aber jetzt soll der alte Brummbär nicht ohne mich auskneifen.«

»Ich werde dich hin und wieder ablösen, dann kannst du auch mal einen Spaziergang machen.«

»Das ist lieb von dir.«

»Wenn du eine Woche lang keinen Himmel und keine Bäume siehst, wirst du doch sonst verrückt.«

Er lacht. »Da könntest du Recht haben.«

Er sieht mich forschend an, er wirkt sehr ausgeglichen, und ich erwidere seinen Blick, ohne in Panik zu geraten. Ich sehe ihn an und sehe die Sonne, die sich in seine Haut gekerbt hat, ich sehe eine heitere Unerschrockenheit in den Furchen um seinen Mund und einen Fächer von Lachfältchen um die Augen. Es ist verblüffend, wie sehr er inzwischen seiner Mutter ähnelt. All die Jahre hat er einfach gelebt und Fältchen gesammelt, während ich versucht habe, alle Falten und Unebenheiten glatt zu bügeln und mich in eine niederschmetternde Glätte zu fügen, mit Ausblick auf eine weite Rasenfläche und reglose Rhododendronsträucher. Ich hatte mich in eine Art Scheinexistenz hineinmanövriert, ohne genau sagen zu können, wie es dazu gekommen war.

»Du bist noch immer ein hübsches Mädchen«, konstatiert er.

»Ich? Das Hübsche ist doch weg nach all den Jahren.«

»Du bist immer noch hübsch. Ich erkenne das. Ich erkenne schöne Frauen. Du bist nur ein wenig vernachlässigt. Ich meine: Du siehst sehr gepflegt aus, aber die Liebe hat dich vernachlässigt. Und das ist unverzeihlich bei einer Frau wie dir.«

Ist das das Wort, nach dem so lange gesucht wurde? Stirnrunzelnd schlagen die Therapeuten ihre Handbücher auf, versuchen dies, versuchen jenes, und am Ende liege ich doch wieder nur auf dem Sofa oder im Bett, bei zugezogenen Vorhängen, und warte auf die lindernde Wirkung ihrer Kompressen aus Dopamin und Serotonin.

»Vernachlässigt?«, wiederhole ich nachdenklich.

»Wie ein vernachlässigter Baum. Man beschneidet ihn ein wenig, befreit ihn vom toten Holz, bewässert ihn, widmet ihm seine Aufmerksamkeit, und sechs Monate später sagt man: So, dem Baum geht es prächtig!«

Ich muss darüber lachen, wie einfach er sich das alles vorstellt. »Du drückst alles mit Bäumen aus.«

»Weil es lebendige Wesen sind, wie du und ich. Den meisten Menschen ist das nicht bewusst. Wenn denen ein Baum im Weg ist, sägen sie ihn ohne Skrupel um.«

Ich nicke und habe einen Moment das Gefühl, uns beide aus einem großen Abstand zu betrachten. Ich sehe uns zweimal hier sitzen, heute und damals, und anscheinend sind wir eine recht gute Kopie, obwohl natürlich nichts über das Original geht.

»Es ist wie aus einem anderen Leben«, sage ich, »du und ich zusammen mit einem Glas Wein.«

»Nur ist der Wein heute besser.«

»Er wäre jetzt neunundzwanzig.«

»Wer?«

»Unser Sohn.«

Er setzt sich aufrecht und starrt ins Feuer. »Dafür schäme ich mich wirklich, dass ich damals Hals über Kopf davongelaufen bin. Dass ich dich deinem Schicksal überlassen und nur an mich gedacht habe.«

»Du warst zu jung«, sage ich beschwichtigend, als wäre ich seine Mutter und nicht diejenige, die damals allein zurückblieb, »neunzehn, was ist das schon.«

»Du warst erst… Wie alt warst du eigentlich?«

»Siebzehn.«

»Erst siebzehn«, wiederholt er.

»Bei einer Frau ist das etwas anderes«, sage ich pflichtschuldig, aber mir schnürt sich die Kehle zu bei so einer gewaltigen Lüge. War ich denn, den Kopf voll mit unregelmäßigen Verben und Partys, Jahreszahlen und Popstars, reif dafür, Mutter zu werden? Waren meine Eltern reif für die Mutterschaft ihrer Tochter? Ich erinnere mich, dass mich vor allem der Gedanke an ihre blinde Zurückweisung quälte. Wegen der Bibel wären sie gegen eine Abtreibung gewesen und wegen der Schande, die ein uneheliches Kind damals bedeutete, waren sie gegen die Mutterschaft. Wenn man so jung schwanger wird, wird man gerade in dem Augenblick, in dem die Freiheit in Sicht kommt, unabweislich selbst wieder zum Kind seiner Eltern, beladen mit Schuld und Buße.

In die Ecke mit dir, und denk erst mal über deine Sünden nach. Alle vier Zimmerecken grinsen dich an: Wo hattest du deinen Verstand? Durch diesen kleinen Keim, der sich in mich gepflanzt hatte und sich eigentlich als Zeichen der Hoffnung hätte entfalten sollen, befand ich mich plötzlich in der demütigenden Rolle der Büßenden und Abhängigen. Ich lechzte nach Verständnis und Unterstützung und bekam das, was ich suchte, bei Bardos Mutter. Von allen Leuten, die ich kannte, war sie die Einzige.

»Bardo? Der ist selbst noch ein Kind, hat deine Mutter gesagt. Der muss sich erst noch die Hörner abstoßen.«

Bardo nickt und leert sein Glas in wenigen Zügen. »Wenn man so jung ist, lebt man ins Blaue hinein, man ist völlig unzurechnungsfähig. Wie ein Fohlen, das zum ersten Mal auf die Weide gelassen wird und vor lauter Übermut Luftsprünge vollführt. Gibt es irgendwo was zu erleben? Hopp, nichts wie hin! Gibt es irgendwelche Probleme? Nichts wie weg! So einfach ist das.«

»Außer du hast das Pech, ein Mädchen zu sein und noch dazu schwanger.«

»Für dich muss das alles ganz schrecklich gewesen

sein«, sagt er. »Daran habe ich überhaupt nicht gedacht. Ich war der Sache nicht gewachsen, damals. Ich wollte leben, in die Welt hinaus… weg… weit weg. Die Vorstellung, dass ich wieder gefangen sein würde in einer Familie wie der von Pa und Ma… diese Aussicht war für mich ein Horror. Eigentlich kam es mir ganz gelegen, dass Pa mich rausgeworfen hat. Vielleicht habe ich es ja unbewusst sogar darauf angelegt.«

Einer meiner Therapeuten äußerte einmal die Ansicht, ich hätte meine Wut nie richtig verarbeitet. Weil ich sie nicht gegenüber dem Menschen hätte äußern können, der sie verursacht hat, hätte ich eine Krankheit entwickelt, um mich und die Menschen in meiner Umgebung zu bestrafen. Die Therapeuten haben ihr Fach studiert und lassen all diese Theorien, mit denen ihr Kopf zum Bersten gefüllt ist, auf naive Testpersonen wie mich los. Ich wüsste mal gern, ob sie selbst immer richtig und vorbildlich handeln. Ob sie glückliche Familien haben wie in amerikanischen Filmen und ein befriedigendes Sexualleben und ob sie immer gesund und sportlich und gut gelaunt sind und die richtigen Entscheidungen treffen, und ich wüsste auch mal gern, ob sie das schwarze Loch kennen. Wer über den Rand späht, wird von tausend unsichtbaren Fangarmen hineingezogen, und es kostet übermenschliche Anstrengung, wieder hinauszuklettern.

Nein, ich kann mir nicht vorstellen, dass ich auf Bardo wütend war. Auch jetzt verspüre ich nicht den geringsten Zorn, wenn ich ihn so ansehe, nur eine behagliche Zufriedenheit, weil alles nach so vielen Jahren doch noch ins Lot kommt.

»Deine Mutter hat sich damals sehr um mich gekümmert. Wir finden schon eine Lösung, hat sie gesagt, mach dir keine Sorgen, es ist schließlich unser Enkelkind.«

Bardo nickt. »So war Ma… ja.«

»Sie hat mir dein Zimmer gegeben. Und da lag ich abends, in deinem Bett, mit Che Guevara und Miles Davis an der Wand und neben dem Bett dein Schlagzeug, auf dem ich ab und zu herumgetrommelt habe.«

Er starrt mich an. Er sieht durch mich hindurch sein Jungenzimmer wieder und die Attribute, die er dort angesammelt hatte. Mich kann er dort nicht sehen, Bardo, komm… Bardo, komm… wie ich trommelte, um ihm mitzuteilen, dass Che Guevara und Miles Davis und ich und sein Kind im Dunkeln auf ihn warten. Dass wir ihn mit Hilfe seiner eigenen Buschtrommel zur Rückkehr überreden wollen.

»Und so fand Edwin im Dunkeln den Weg zu meinem Zimmer«, sagt er leise.

Ich überhöre die Ironie. »Ich brauchte jemanden, der sich meiner annahm, bei dem ich mich geborgen fühlen konnte. Edwin war damals sehr lieb zu mir, und fürsorglich.«

Vielleicht hoffte ich heimlich, in seinem Bruder etwas von meinem fortgejagten Geliebten wiederzufinden, jene selbstverständliche Anziehungskraft, die es zwischen uns gegeben hatte, die beim geringsten

Anlass aufflammende Sinnlichkeit – wir brauchten einander nur anzublicken, und die ganze Welt bekam die Farbe unseres Begehrens. Damals glaubte ich, das müsste so sein, dies sei der auserwählte Seinszustand, der in Gedichten und Liebesliedern so oft besungen wurde und für den Liebende zu sterben bereit waren. Als Edwin und ich heirateten, wusste ich noch nicht, dass es mit ihm nie so sein würde, dass es keine größeren Gegenpole gab als diese beiden Brüder, die sich in allem, aber auch in allem voneinander unterschieden. Aber das alles verschweige ich jetzt lieber.

»Ich könnte mich vor den Kopf schlagen«, sagt Bardo, »warum habe ich dich nicht einfach mitgenommen, mit dem Kind im Bauch, in die weite Welt hinein mit Josef und Maria als leuchtendem Vorbild.«

Auf einmal muss ich unbändig lachen. Der Wein schwappt über den Rand des Glases, ich fühle mich sorglos und leicht, von der Last meiner Vergangenheit befreit. Weg damit, sie existiert nur in meinem Kopf, wenn ich will, kann ich am Knopf drehen und eine andere Wellenlänge suchen, einen anderen Sender, dessen Musik heiterer und unbeschwerter ist.

»Verzeih mir das Bild«, sagt Bardo, »aber du siehst aus wie ein wunderschöner reifer Apfel, mit dem rosa Hauch vom Kaminfeuer auf den Wangen.«

»Es ist lange her, dass jemand so etwas zu mir gesagt hat…«

Um meine Aufregung zu kaschieren, nehme ich betont forsch das Glas und trinke es leer.

»Die Menschen haben keine Augen im Kopf, sie starren zu viel auf Bildschirme.«

Der Bildschirm zwischen Edwin und mir ist undurchdringlicher als eine Mauer. Wenn mein Mann mich anschaut, liegt ein Schleier vor seinen Augen, weil er noch immer Zahlen, Statistiken und Diagramme im Blick hat. Weil er noch immer Politiker, Entscheidungsträger und Industrielle vor sich sieht. Wenn ein amerikanischer Präsident in einen Sexskandal verwickelt ist, sieht Edwin als Erstes die Folgen der Affäre für die Aktienkurse und danach erst mich, einen vagen, uninteressanten Schatten.

»Ich möchte dich küssen.« Bardo streicht mir mit einem Finger über die Wange.

»Aber du bist jetzt mein Schwager...«

»Glaubst du, meine Lippen wüssten das? Und mein Herz wäre sich in diesem Augenblick dessen bewusst? Mein Herz, das jetzt, wo du so nah bei mir bist, poch, poch, poch macht? Fühl nur...«

Er nimmt meine Hand und legt sie auf sein zerknittertes gelbes Hemd.

»Spürst du es?«

»Ich glaube, ja...«, sage ich und ziehe meine Hand nervös weg. Die Achterbahn kommt langsam in Fahrt, man stemmt sich dagegen, aber schon wird sie schneller und schneller, sie lässt sich nicht mehr anhalten, und gleich wird man vor Angst und Aufregung schreien.

»Es gibt nur diesen Augenblick«, sagt er, »du und

ich, eine Insel in der Zeit. Was gehen uns die anderen an? Wir gehören niemandem, nur uns. Wenn du nächste Woche stirbst, meinst du, Edwin würde dann auch sterben? Von wegen, der lebt einfach weiter. Wenn du ohne ihn sterben kannst, kannst du doch auch ohne ihn lieben?«

»So habe ich das noch nie gesehen. Du stellst alles auf den Kopf.«

»Ich stelle alles zurück an seinen Platz. Viele Menschen haben die natürliche Ordnung der Dinge verdreht und verzerrt. Ein Menschenleben ist so kurz, die Ewigkeit schnippt einmal mit den Fingern, und schon ist es vorbei. Es ist einfach zum Heulen, wenn man sieht, wie die meisten Menschen das kurze Leben damit vergeuden, unsinnigen Zielen nachzujagen ... Geld, Karriere, Ruhm, Ansehen ... oder ständig über Büchern zu hocken! Es ist ein Jammer! Warum sollten sie sich nicht hin und wieder aneinander erfreuen dürfen? Ein bisschen Liebe, ein bisschen Ekstase? Ganz kurz miteinander verschmelzen? Wozu sonst hat uns der Große Manitu die Fähigkeit verliehen, die Liebe zu genießen? Wenn es jemanden gibt, der das begreifen kann, dann du. Du warst früher so wild! Mein Gott, was für ein großartiges, wildes Mädchen du warst! Du hast mir damals ganz schön den Kopf verdreht. Ich konnte der Versuchung einfach nicht widerstehen. Und noch immer ...«

Er schaut mir in die Augen, erwartungsvoll, herausfordernd. Er hat noch dasselbe Gesicht, nur anders. Erfahrungen, an denen ich nicht beteiligt war, haben es markanter gemacht und auch fremder. Die Zeit steht zwischen uns. Vor seinen Augen gähnt das wilde Mädchen, es reckt und streckt sich und richtet sich auf, nachdem es all die Jahre geschlummert hat, mal auf der einen, mal auf der anderen Seite, in einem Winterschlaf, der kein Ende zu nehmen schien.

»Schenk mir noch einmal ein«, sage ich, um mich hinter dem Wein zu verschanzen.

Er füllt unsere Gläser, und wir trinken, begierig, schnell. Das dunkelrote, samtene Getränk steigt mir zu Kopf und gibt mir Mut. Das Telefon klingelt. Ich stehe auf und will abnehmen, aber Bardo hält mich am Arm zurück und zwingt mich, mich wieder hinzusetzen.

»Die Außenwelt kann warten«, sagt er, »siehst du, wie hoch die Flammen auflodern?«

»Ja...«

Es kostet mich große Selbstbeherrschung, das Klingeln des Telefons zu ignorieren. Hoffentlich wird Pa nicht wach!

»Das ist das Feuer, das sich selbst verzehrt. So ist es auch mit der Leidenschaft. Sie ist ein loderndes Feuer, ob man es so will oder nicht. Man muss ihm gehorchen, sonst erlischt es.«

»Aber...«

Er nimmt mein Gesicht in seine Hände.

»Es gibt kein Aber«, flüstert er eindringlich, »ich bin

es, kennst du mich noch? Du bist es, dasselbe wilde Mädchen wie damals. Ich will dich lieben, du verdienst es, geliebt zu werden. Ich will dich ganz langsam ausziehen und ganz langsam von dir ausgezogen werden...«

Bei der Wiederholung dieser beiden Wörter, wildes Mädchen, die auf Tabus und Verbote verweisen, auf eine missbilligende, strafende Außenwelt, durchfährt mich ein Schauder der Rebellion. Ich bekomme Lust, der Vergangenheit die Zunge rauszustrecken. Aber stattdessen drücke ich meine Lippen auf die Bardos. Kurz darauf rollen wir über den Berberteppich, und von langsamem Ausziehen ist nicht mehr die Rede.

Kann man dreißig verlorene Jahre aufholen? Dornröschen schlief hundert Jahre und mit ihr der ganze Hofstaat. Offenbar war die Pflanzenwelt immun gegen den Fluch, den eine grimmige Fee bei der Geburt über die Prinzessin verhängt hatte. Denn der Prinz, der dazu vorbestimmt war, die Macht des Zaubers zu brechen, fand einen von Kletterrosen überwucherten Palast vor, für den die Zeit einfach weitergegangen war. Unsere Lust ist noch wie damals, als hätten wir uns nie voneinander entfernt. Während wir uns lieben, scheinen wir uns von der Schwerkraft zu lösen, von Gegenwart und Vergangenheit, und zu einem fast unerträglichen Verlangen aufzusteigen. Als die Achterbahn den höchsten Punkt erreicht und Aussicht über die Welt und das

Firmament gewährt, verschmelzen Schmerz und Genuss, und dann geht es in schwindelerregendem Fall ächzend hinab. Als wir uns wiederfinden, liegen wir nebeneinander auf dem Rücken. Die Glut des Feuers streicht über seine braune und meine helle Haut.

»Ich hatte es fast vergessen«, flüstere ich.

»Was?«

»Wie es sein kann.«

Bardo dreht sich auf die Seite und vergräbt das Gesicht in meinen Haaren.

»Du hast doch Edwin«, sagt er leise.

Seine Stimme lässt mein Trommelfell vibrieren. Seine große, wettergegerbte Hand liegt schwer auf meinem Bauch, als wollte er das ungeborene Kind nachträglich beschützen und als das seine anerkennen.

»Edwin und ich«, sage ich, überrascht, dass meine Stimme so unbeteiligt klingt, »wir berühren einander nur noch selten.«

Mit einem Ruck richtet sich Bardo auf. »Ohne Leidenschaft lebt ihr unter einem Dach? Das ist nicht dein Ernst…«

Erschrocken setze ich mich auch auf. Ich nicke, bin nicht imstande, etwas hinzuzufügen. Ich erzähle ihm nicht, dass Edwin und ich – jeder auf seine Weise – versucht haben, Liebe zu erzwingen. Dass wir etwas voneinander verlangt haben, was der andere nicht geben konnte. Edwins bedingungslose Zuwendung hatte im Lauf der Jahre nachgelassen. Er wollte mich immer fröhlich und verführerisch wie am Anfang, aber immer fröhlich und verführerisch zu sein, so ein Anspruch ist unmenschlich. Auf einer verzweifelten Suche nach etwas, was einmal selbstverständlich zu mir gehört hatte, nahm ich Zuflucht zu Leopardenmustern, Spitze und Seide, Strapsen. Aber er durchschaute es, er verlangte echte Leidenschaft. Leidenschaft, die von innen kam und nicht aus einem Katalog. Eines Abends gab er mir, als Strafe für meinen Betrug, einen Kuss, der nicht mehr zu enden schien. Ich wollte schlafen, aber er presste seinen Mund auf meinen, und sosehr ich auch kämpfte, um mich zu befreien, er hielt mich mit eisernem Griff. Ich dachte, ich würde ersticken, diese widerwärtige Parodie eines Liebeskusses hätte nie ein Ende. Als er endlich aufhörte, fühlte ich mich, als wäre ich mit knapper Not dem Gegenteil eines Liebeskusses entronnen, einem Todeskuss.

Wir sitzen einander gegenüber und nehmen im Auge des anderen das beiderseitige Befremden wahr. Bardos Blick schweift zu meinen Brüsten, er nimmt sie in die Hände und spricht beruhigend auf sie ein, als seien es heimatlose Wesen.

»Werdet ihr denn nie gestreichelt? Nie kräftig massiert, bis ihr aufrecht steht? Das ist schlimm, sehr schlimm, ihr habt Besseres verdient, viel Besseres. Kommt einfach nach Spanien, da werdet ihr besser behandelt!«

Ich muss laut lachen.

»Onkel Edwin hat euch ganz schlimm vernachlässigt«, setzt er strafend hinzu, »pfui!«

Durch irgendeinen mysteriösen, unergründlichen Reflex wirkt der Name, laut ausgesprochen, auf uns wie ein unwiderstehliches Aphrodisiakum. Wir fallen noch einmal übereinander her, mit neuer Energie, und während ich in Gedanken Edwins Namen wie ein Mantra wiederhole, geht meine wachsende Erregung in das Verlangen über, mich an ihm zu rächen.

Draußen nimmt zuerst die Dunkelheit ab, und ich erkenne die vagen Konturen eines niedrigen Gebirgszuges; dann wird es grau, und plötzlich steigt in einem rosa Himmel die Sonne hinter den Bergen auf. Die erwachende, unbekannte Landschaft zeigt mir, dass ich mich in einer anderen Welt befinde und meine alte Identität aufgehört hat zu existieren. In den Tälern zwischen kahlen Bergen liegen jahrhundertealte Dörfer, Natursteinhäuser umgeben einen einfachen Glockenturm. Wir fahren an einer Viehweide mit kleinen, schwarzen Stieren vorbei, und an einem Hang steht eine riesige, schwarze Sandeman-Silhouette.

Kommt doch einfach nach Spanien. In diesem neuen Land, wo alles anders ist als zu Hause, werde auch ich von selbst jemand anders sein. Und falls mein Gefühl der Ausgelassenheit nur Einbildung ist und ich mal wieder vor einem manischen Schub stehe, kaufe ich mir eine Flasche von dem goldgelben Zeug mit dem Supermacho auf dem Etikett und trinke fröhlich drauflos. Wer mich dann von meiner Manie abbringen will, muss schon sehr gute Argumente haben.

Edwin

Was den Charme eines Bonsais ausmacht, war mir immer ein Rätsel. In der Wirtschaft geht es um Wachstum, bei der Züchtung von Bonsais aber richtet sich alles darauf, Wachstum zu hemmen, wie bei den Füßen einer chinesischen Kurtisane. Das Ergebnis ist eine Missbildung, die manche Menschen als Gipfel der Schönheit betrachten. Arme Füße, arme Bäume.

Statt in mein Haus bin ich ins Gewächshaus gegangen. Jones ist mir gefolgt, mit eingezogenem Schwanz, weil das Gewächshaus für ihn immer verbotenes Terrain war. Ich lasse mich in einen Korbsessel fallen. Hier gibt es nichts zu sehen, nur diese kleinen Scheusale. Karikaturen von Bäumen. Alles vollkommen überflüssig. Trotzdem konnte Floor stundenlang in diesem Gewächshaus verschwinden. Statt ihrem eigenen Leben Gestalt zu geben, hat sie ihre Fähigkeit zum Beherrschen und Gestalten an diese Monstren verschwendet.

Bitterkeit kommt in mir auf, ich schmecke die Galle auf der Zunge und spucke sie auf das nächstbeste Bäumchen. Man könnte erwarten, dass die Blätter schlagartig einschrumpfen, aber nichts ändert sich, alles entzieht sich meinem Einfluss. Außer Jones, der neben meinem Korbsessel liegt und erwartungsvoll zu mir hochblickt, wenn ich seinen Kopf streichle.

Was soll ich mit diesen Bäumchen. In Brand stecken, ist mein erster Gedanke, eine rituelle Verbrennung, vielleicht ginge es mir danach besser. Doch ich bleibe tatenlos sitzen und suhle mich in meinem jämmerlichen Masochismus, indem ich mir immer wieder ein Bild vor Augen rufe.

Bardo und Floor, nackt und innig umschlungen schlafen sie im Schein des erlöschenden Kaminfeuers wie ein klassisches Liebespaar, umgeben von leeren Weingläsern und verstreuten Kleidungsstücken. Ja, in widerlicher Eile ausgezogen und von sich abgeworfen.

Ich in meiner Naivität wunderte mich noch, wo sie blieb. Als ich anrief, nahm niemand ab. Im Geiste sah ich sie mitten in der Nacht mit einer Autopanne an der Straße stehen, oder vielleicht gelang es ihr nicht, ihren Wagen aus der unmöglichen Position herauszumanövrieren, in der sie ihn geparkt hatte.

Bardo und Floor vor dem erlöschenden Kaminfeuer und ich, unbemerkt ins Haus gekommen, denn wir haben alle einen Schlüssel, als klassischer Gehörnter auf der Türschwelle. Ehe ich mich in Bewegung setze, herrscht in mir ein Moment absoluter Ruhe, es ist wie in einem Film, der kurz hängen bleibt. Ein Kurzschluss in der Zeit, ein Aha-Erlebnis ohnegleichen, das mich mit einer viel jüngeren Ausgabe meiner selbst verschmelzen lässt, jemand, der in einer anderen Tür steht zu einer anderen Zeit, irgendwo in der Ewigkeit.

Und wieder dieses Unvermögen zu begreifen, dass das, was ich sehe, etwas mit mir zu tun hat und ich davon betroffen bin, ob ich will oder nicht. Wieder die blitzartige Erkenntnis, dass dies in der Geschichte der Menschheit Millionen Male geschehen sein muss und manchmal ein Anlass zum Mord wurde. Dass derjenige, der in der Tür steht, entweder gewalttätig oder mit einer gewissen Würde reagieren kann, mit anderen Worten: Was bedeutet ihm seine Selbstachtung? Kurz darauf ist das Stocken überwunden, und die Person auf der Schwelle bewegt sich.

Ich hatte Floor auf der Eisbahn kennen gelernt. Wir stießen zusammen, als ich die Kurve zu scharf nahm, sie wäre fast gestürzt, aber reflexartig griff ich nach ihrem Arm, und sie konnte gerade noch das Gleichgewicht halten. Ich entschuldigte mich endlos, sie lachte und machte eine wegwischende Geste, und zu meinem eigenen Erstaunen hörte ich mich fragen, ob sie Lust hätte, eine Runde mit mir zusammen zu laufen. Als sei es das Normalste auf der Welt, glitten wir durch die Eiseskälte, auf Anhieb im gleichen Takt. Mit ihr an meiner Seite hatte ich das Gefühl, in ein ganz neues Leben zu gleiten.

Was war es, das mir sofort die Gewissheit gab: Das ist die Richtige? Wodurch verwandelte ich mich von einem ehrgeizigen, ziemlich sarkastischen Erstsemester-Studenten der Volkswirtschaft in einen Verehrer? Wenn auch in einen gehemmten Verehrer, aber diese Hemmungen machten meine Verliebtheit umso leidenschaftlicher und brennender. Wodurch unterschied sie sich von den anderen Mädchen, die ich kannte, hauptsächlich Mitstudentinnen? Die hatten in meinen Augen etwas Zerebrales, etwas Analytisches, offenbar fehlte ihnen die Magie der Erotik, all das, was Körper und Seele vor Verlangen zum Schmelzen bringen und in jenen herrlichen Zustand des Wahnsinns versetzen konnte, der sich auch unter einem Mikroskop nicht sichtbar machen lässt.

Eine Erfahrung mit einer etwas älteren Studentin der Biologie hatte mich in dieser Annahme bestärkt. Nach einer Unifete, wo ich meine Unsicherheit mit Alkohol betäubt hatte, landete ich in ihrem Bett und liebte sie ungeschickt. Danach richtete sie sich auf, drückte mir ihren schlanken Zeigefinger auf die Brust und sagte: »Glaub nicht, dass ich in dich verliebt bin, das bin ich nämlich nicht. Du bist nicht der Typ, in den sich Frauen verlieben. Was das betrifft, ist es wie bei den Affen, weißt du, alle Weibchen wollen das starke, gut gebaute, selbstsichere Alphatier. Die anderen Männchen kommen kaum zum Zug, auch wenn sie es immer wieder versuchen. So sind die Naturgesetze. Du wirst auf andere, mehr kulturgeprägte Qualitäten angewiesen sein.«

So wurde ich in einer Gratisvorlesung über die Gesetze des Dschungels darauf hingewiesen, dass ich

»es« nicht besaß und auch nie würde erwerben können. Sie sagte das nicht einmal, um mich zu verletzen, es war eine nüchterne Festellung, laut ausgesprochen; in reinster wissenschaftlicher Unschuld stufte sie mich bei den Affen ein, die nicht oder kaum zum Zug kommen.

»Ich habe mit dir geschlafen, weil ich es gerade nötig hatte«, fuhr sie fort, »um die Hormone zu beruhigen, die meine Konzentrationsfähigkeit beeinträchtigen.«

Dann nahm sie ein Stück Süßholz vom Nachttisch und kaute darauf herum, wobei sie den stets mehr aufweichenden Pinsel ab und zu aus dem Mund nahm.

»Warum machst du das?«, fragte ich und musste meinen Ekel unterdrücken.

»Sonst fange ich an zu rauchen«, sagte sie lakonisch, »hinterher habe ich immer Lust auf eine Zigarette. Vor ein paar Wochen habe ich aufgehört, kein Nikotin mehr, aber das orale Bedürfnis ist geblieben. Ich könnte auch dich in den Mund nehmen«, sie lächelte mir honigsüß zu, »aber ich habe nun mal Appetit auf Süßholz.«

Floor analysierte die Welt nicht, sondern war voller Wohlbehagen ein Teil davon. Natürlich projizierte ich alles auf sie, was ich suchte. Anders als meine Kommilitoninnen war sie wunderbar unkompliziert, sie nahm das Leben, wie es sich ihr darbot. Ihre ansteckende Unbekümmertheit und ihre von keinerlei Koketterie beeinträchtigte Schönheit machten sie unwiderstehlich. Wie hübsch sie war, ich sehe sie mühelos vor mir, die Wintersonne im rotblonden Haar, die Wangen von der Kälte gerötet, die Rundung des Busens unter dem Wollpullover. Volle weibliche Formen ohne Zurückhaltung – wenn sie einen anlächelte, wusste man, dass man »es« durchaus besaß und nicht irgendein abgewiesenes Affenmännchen war, das einsam auf einem Berg den Mond anheulte.

Wir sahen uns öfter in jenem Winter und auch später noch, als die Eislaufsaison längst vorbei war. Ich wagte nicht mehr, als sie zu küssen und zu umarmen, als ob sie aus Porzellan wäre. In meinen Träumen hatten überreizte Geilheit und abgöttische Verehrung sie unnahbar gemacht, weshalb sie mir auch, wenn ich sie körperlich vor mir sah, so unerreichbar schien wie ein Stern am Firmament. Die Phantasien, die ich nachts um sie spann, lähmten mich bei Tageslicht.

Und dann waren sie und ich irgendwo auf einer Party. Bardo war auch eingeladen. In dem mit orangefarbenen und violetten Lämpchen geschmückten Raum schien er allgegenwärtig, er führte angeregte Gespräche oder tanzte mit ständig wechselnden Mädchen. Die Dominanz, die er ausstrahlte, störte mich, es war, als absorbierte er meine Fähigkeit, mich zu amüsieren, um für zwei zu genießen. Wahrscheinlich trank ich deshalb mehr, als ich vertragen konnte, denn irgendwann auf dieser geräuschvollen Party – der Lautstärkeregler der Stereoanlage war zu weit aufgedreht, und ich hatte den Überblick verloren – wurde mir bewusst, dass ich Floor seit einer Weile nicht mehr gesehen hatte. Ich stand schwankend auf und suchte nach ihr.

Nachdem ich in dem verfluchten Haus – weiß der Kuckuck, wo die Besitzer steckten – verschiedene Türen geöffnet und geschlossen hatte, stand ich irgendwann auf der Schwelle eines unordentlichen Schlafzimmers. Mir stockte der Atem. Ich erstarrte in der Tür, vor mir den niederschmetternden Beweis, dass ich ihrer also doch nicht würdig war.

Ich weiß nicht, wie lange ich dort vor den Trümmern meines erträumten Liebeslebens gestanden habe. Irgendwann bemerkten sie mich, wie ich dort dumm herumstand, und das Einzige, was ich kaum hörbar hervorbringen konnte, war: »Entschuldigung, ich wollte nicht stören«, worauf ich die Tür diskret hinter mir schloss.

Später wurde die Sache mit keiner Silbe erwähnt. Floor kam von da an jedes Wochenende zum Essen zu uns, und über die Bratkartoffeln und Schweinekoteletts hinweg durfte ich Zeuge ihrer Romanze sein.

Gott haben sich die Menschen ausgedacht, weil sie sich mit der Vorstellung des Todes nicht abfinden konnten, und obwohl er für mich nicht existierte, hatte er mich sozusagen nicht aus den Augen verloren. Noch im selben Sommer löste sich Bardo in nichts auf, und ich saß abends auf dem Rand seines Betts und tröstete Floor. Mit zunehmendem Triumphgefühl, weil es doch noch so etwas wie Gerechtigkeit gab. Das war meine Chance, ihr zu zeigen, was sie in ihrer blinden Verehrung für meinen leichtfertigen Bruder die ganze Zeit verschmäht hatte: meine Solidität und meine Bereitschaft zu bedingungsloser Treue und Hingabe. Noble Begriffe und tief gemeinte Gefühle legte ich ihr zu Füßen. Ich wunderte mich selbst über die Theatralik, zu der ich imstande war, ich bot mich mit Haut und Haaren an, denn Liebe duldet nicht, dass man etwas für sich behält, dass man einen kleinlichen Vorbehalt macht aus Angst vor der Zukunft. Sie nickte freundlich und schicksalsergeben und erlaubte mir, alle ihre Probleme für sie zu lösen.

»Ich übernehme die Verantwortung«, versprach ich, als wäre ich noch immer der Pfadfinder, der einige Jahre zuvor Baden Powell seine Gelöbnisse abgelegt hatte, die rechte Hand feierlich am Barett. Stattdessen hatte ich nun den rechten Arm beschützend um Floors runde Schultern gelegt und roch statt eines Tannenwaldes den süßen Duft ihres Körpers. Mir wurde fast schwindlig bei dem Gedanken, sie auf einmal in meiner Reichweite zu haben, auch wenn sie nicht allein war.

Von heute aus gesehen sind die Umstände unserer ersten Begegnung eine bittere Metapher für unsere spätere Beziehung. Wir stoßen zusammen, und mit schnellem Reflex bewahre ich sie vor einem Sturz, ein altes Videofragment in Schwarzweiß, das ich in Zeitlupe abspielen und sooft ich will betrachten kann, bis mir vor Überdruss die Augen zufallen. Dennoch ist jede Sekunde bedeutungsschwanger und verweist auf später – wir stoßen zusammen, und ich fange sie auf, bis in alle Ewigkeit, amen.

Es ist zwei Uhr nachts, Pas Geburtstag ist vorbei. Zum zweiten Mal werde ich von demselben Anblick überrascht; das Leben hat wenig Sinn für Abwechslung. Ging es mir damals darum, meine Selbstachtung zu wahren, oder war es einfach Feigheit? Hätte Floor größeren Respekt vor mir gehabt, wenn ich mich wie ein richtiges Affenmännchen auf meinen Bruder gestürzt hätte? Während ich im vollen Bewusstsein meines Aha-Erlebnisses dastehe und die Ruhe im Haus noch nicht gestört habe, denke ich: Damals habe ich mich beherrscht und bin dafür nicht belohnt worden.

Ich drücke auf den Schalter der Deckenleuchte, der sich links neben der Tür befindet, und der Raum wird in ein Meer von Licht getaucht. Während die beiden blinzelnd aufwachen, tue ich so, als erblickte ich die Szene erst jetzt.

»Das kann nicht wahr sein…«, stoße ich verblüfft hervor, »sag, dass es nicht wahr ist…«

Dann, viel lauter und drohender: »Mir fehlen die Worte!«

Erst jetzt, wo ich die Stimme erhebe, steigt mit einer verzögerten Reaktion Wut in mir auf. Die Wut, die ich damals unterdrückt habe und der ich heute, mit doppelter Kraft, freien Lauf lasse.

Floor fährt mit losem, verstrubbeltem Haar hoch. Noch nie kam sie mir so nackt vor. In ihrer Scham greift sie zu irgendeinem Kleidungsstück, es ist Bardos Schlotterhose. Auch Bardo wacht auf, mit provokanter Gelassenheit, und er macht keinen Versuch, sich zu bedecken.

Er streicht sich die Haare aus den Augen und sagt: »Dafür gibt es nur göttliche Worte, die wir hier auf Erden nicht kennen.«

»Sag, dass es nicht wahr ist«, rufe ich, »meine Frau und mein Bruder... während im Nebenzimmer mein Vater im Sterben liegt!«

Floor sucht hektisch ihre Kleidungsstücke zusammen. An einer Stuhllehne baumelt ein BH aus dunkelroter Spitze, ein frivoler Käfig für ihre Brüste. Irgendwo liegt der dazugehörige Slip herum, den ich noch nie zu sehen bekommen habe. In einer sündhaft teuren Boutique von meinem Geld gekaufte Dessous, die nicht für mich bestimmt waren.

»Aber ständig Depressionen«, mache ich weiter, »ständig von einem Therapeuten zum andern rennen...«

»Pst...«, zischt sie, »sonst wird Pa wach.«

»Der ist doch längst wach von eurem Geturtel. Dass ihr euch nicht schämt!«

Anklagend blicke ich Bardo an. »Hatten wir das nicht schon mal hinter uns gebracht? Woher nimmst du die Dreistigkeit, nach allem, was du damals angerichtet hast!«

Ohne mir dessen bewusst zu sein, bin ich ein paar Schritte ins Zimmer getreten, bleibe dann aber stehen. Vorsorglich. Ich kenne mich selbst nicht mehr, explodiere fast von altem und neuem Hass, der sich Luft machen muss, habe aber Angst vor dem Wie. Es blitzt in mir auf: Damals habe ich wahrscheinlich die gleiche Angst vor einem Zerstörungsdrang empfunden, der von ganz tief innen kommt und sich bis in die Haarwurzeln ausbreitet, ein Drang, etwas Irreparables anzurichten, damit nichts mehr so ist, wie es war. Knallhart darauf herumtrampeln, bis es aufplatzt und die giftigen Dämpfe entweichen.

Bardo ist aufgestanden, der Anführer in voller, schamloser Nacktheit, mit der Mähne prunkend, als wollte er mich mit seiner körperlichen Überlegenheit einschüchtern. Er blickt mich mit leisem Spott in den Augen an, vielleicht ist es auch Mitleid, als würde ich ihn mit einer Spielzeugpistole bedrohen.

»Du brauchst dich nicht so aufzuführen, und zu bedauern bist du auch nicht. Schließlich ist dabei doch eine wundervolle Frau für dich herausgesprungen.«

»Die mir schon gehörte, bevor du sie mir ausgespannt hast«, bringe ich in Erinnerung.

»Ich gehöre niemandem«, protestiert Floor, »nur mir selbst.«

»Und das, wo deine Tochter zu Hause in aller Unschuld schläft.« Ich versuche, ihren empfindlichsten Punkt zu treffen. »Und ich denke: Wo bleibt sie nur, ihr wird doch nichts passiert sein?«

Es ist ihr gelungen, sich etwas überzuwerfen, mit offener Bluse kommt sie auf mich zu und legt ihre Hand auf meinen Arm, um mich zu besänftigen.

»Fass mich nicht an!« Ich schüttle die Hand von mir ab. »Du riechst nach ihm... du bist widerlich, knöpf dir die Bluse zu!«

»Du verstehst es nicht«, sagt sie begütigend, als wäre ich ein Kind, das sich wegen irgendeiner Kleinigkeit aufregt.

»Er versteht es sehr gut.« Bardo hat noch immer diese verletzende Gelassenheit, die einen rasend macht. »Es muss nur noch in sein Bewusstsein durchdringen. Es wird ihn wachrütteln. Du könntest dich wirklich mehr um sie kümmern, Edwin, sie kommt viel zu kurz.«

»Du willst mir sagen, dass sie zu kurz kommt? Sie hat alles, was eine Frau sich nur wünschen kann, ein Traumhaus, eine wundervolle Tochter, eine Garderobe vom Feinsten, eine Sammlung von Bonsaibäumen – und einen Mann, der sich für sie abrackert...« Es ist eine lächerliche Aufzählung, ich lese es an seinen Augen ab, aber wie soll ich sonst meine Verdienste in Erinnerung bringen?

»Und du, was kannst du einer Frau bieten?«

»Viel...«, sagt Floor verträumt.

»Nur das eine!«, rufe ich höhnisch. »Und sonst? Kein Dach überm Kopf. Keinen Cent in der Tasche. Und wenn der Herr genug hat, macht er sich davon. Sehnsucht nach anderen Farben, nennt er das dann.«

Bardo setzt sich auf die Lehne des Sofas, sein Geschlecht schaut mich quasiunschuldig an. Das andere Instrument des Saxophonisten, denke ich bitter, das mein Leben mit nichts als Dissonanzen füllt.

»Warum musst du uns das jetzt kaputtmachen?« Seine blauen Augen sehen mich vorwurfsvoll an. »Warum ziehst du alles ins Negative? Was zwischen Floor und mir ist, gehört uns, uns allein, das darfst du nicht in den Schmutz ziehen.«

Floor nickt zustimmend. Sie ist ganz seiner Meinung, meine Floor, ein paar Stunden in seinen bronzefarbenen Armen haben gereicht, um sie mir zu entfremden und in sein Lager zurückzuholen. Was sie zusammen erlebt haben, war zu schön, als dass grobschlächtige Menschen wie ich es begreifen könnten. Von mir wird offenbar erwartet, dass ich mich beim Anblick von so viel Poesie großmütig zurückziehe.

»Und auch noch Forderungen stellen!« Meine Stimme überschlägt sich. Ich bin perplex, mir wird schwindlig, jeden Vorwurf biegt er zu seinem Vorteil um, dieser Supermanipulator.

»Ja, und ich verlange noch viel mehr von dir«, fährt Bardo geduldig fort. »Vernachlässige sie nicht, das hat sie nicht verdient. Du kümmerst dich nicht genug um sie… und um dich selbst übrigens auch nicht.«

Wohin mit dem Adrenalin, das durch meine Adern jagt?

»Mein Eheleben geht dich überhaupt nichts an. Was bildest du dir eigentlich ein? Nur weil du ein unermüdlicher Deckhengst bist, maßt du dir hier alle möglichen Urteile an...«

Bardo wendet sich Floor zu. Wenn er sich doch endlich eine Hose anziehen würde, dann könnte die Unterhaltung ganz anders verlaufen. Er schaut Floor kopfschüttelnd an.

»Entschuldige, ich kann nicht mit ihm reden. Wir sprechen verschiedene Sprachen, Edwin und ich, er kapiert einfach nicht, was ich sagen will. Das war immer so, tut mir Leid, aber...«

»Es tut ihm Leid!«, rufe ich, und zu Floor gewandt, mit gespielter Freude, die der Verzweiflung entspringt: »Hast du das gehört? Es tut ihm Leid! Das hat lange gedauert! Mehr als dreißig Jahre musste ich darauf warten, und jetzt, endlich, tut es ihm Leid!«

Aber Bardo hört nicht mehr zu, er setzt seinen Gedankengang laut fort: »Die einfachen zwischenmenschlichen Dinge, weißt du... ein bisschen Anteilnahme, ein bisschen Wärme, ein bisschen Verständnis...«

Bei dem letzten Wort zerspringt etwas in mir. Das turmhohe Gebäude meiner Wut gerät ins Wanken, denn gegenüber diesem Wort, das Bardo so leichthin in den Mund genommen hat, als wäre es der Bestandteil eines weit verbreiteten Liebestranks, gegenüber diesem einen Wort bin ich wehrlos.

Ich fühle mich in die Zeit zurückversetzt, als ich noch einen üppigen Haarschopf hatte. Ich trage eine Brille, die ich tausendmal am Tag hochschieben muss, und zwischen meinen Zähnen glitzert eine Metallkonstruktion, in der ständig Essensreste hängen bleiben. Gibt man mir immer die Schuld und nie ihm, weil ich der Ältere bin? Liegt es an der Brille und der Zahnspange, dass ich auf Klassenfotos nie so gut aussehe wie er? Niemand will begreifen, dass auch ich ein richtiger Schatz bin, obwohl man es am Äußeren vielleicht nicht erkennen kann. Weil alle in mir lieber einen kleinen Quälgeist sahen, bin ich einer geworden, aus Nachgiebigkeit, und weil es für mich viel einfacher war, als ein vorbildhafter Traumsohn zu werden, von allen geliebt und bewundert.

Bei dem Wort Verständnis weicht alle Kraft aus mir, in meinem Hals schwillt ein Kloß an, und mir wird warm. »Komm mir nicht auf die empfindsame Tour«, rufe ich energisch, um das, was in mir hochkommt, zu übertönen. Vergebens, denn meine Stimme bricht, als ich sage: »Schließlich bin ich derjenige, der jedes Mal bis ins Innerste der Seele verletzt wird…«

Ich lasse mich in einen Sessel fallen und setze meine Brille ab, weil sie drückt. Alles sitzt stramm, meine Krawatte, mein Jackett, meine Hose, während mein Bruder noch immer nackt durchs Zimmer paradiert, als sei hier der Paradiesgarten.

Dann hören wir Pa rufen. Er ist aufgewacht, und nach wem ruft er? Als wären die dreißig Jahre, in denen er diesen Namen nie in den Mund genommen hat, völlig bedeutungslos, ruft er nach Bardo.

Nun erst scheinen Bardo und Floor zur Besinnung zu kommen. Während Bardo hastig in seine Hose schlüpft, zupft Floor an meinem Arm.

»Siehst du, jetzt hast du Pa aufgeweckt. Komm, ich bringe dich nach Haus.«

Ich bringe dich nach Haus, sagt sie! Als ob ich unzurechnungsfähig wäre. Sie schiebt mich sanft in Richtung Tür, und ich lasse es lammfromm zu, ich bin vollkommen leer und habe doch noch so viel zu sagen.

Aus den Augenwinkeln sehe ich ihre Pumps, sie liegen nebeneinander am Rand des Teppichs. Sie will mich also offenbar barfuß nach Hause bringen, bildet sich aber ein, ich wäre hier derjenige, der durcheinander ist. Mit einer raschen Bewegung befreie ich mich aus ihrem Griff, mit wenigen Schritten bin ich bei ihren Schuhen.

Ich reiche sie ihr. »Du vergisst deine Schuhe.«

Kommentarlos reißt sie sie mir aus den Händen und bückt sich, um ihre Füße hineinzuzwängen. Bevor die Tür hinter uns zufällt, höre ich Bardo noch erleichtert seufzen: »Pfff... na, na...«

Bonsais sind wie lebendige Tote, das haben sie mit Erinnerungen gemeinsam. Eine Entscheidung steht an, Wasser oder Feuer. Ich werde hier wohl kaum mit Gießkanne und Pflanzenschere zu Werke gehen, ich bin eher der Typ für ein ordentliches Lagerfeuer, das habe ich bei den Pfadfindern gelernt. Ich greife nach einer Zwergtanne und will den Stamm knicken, das wird mir gut tun, aber das Gewächs leistet Widerstand, es ist zäher, als ich dachte.

Jones folgt meinen Bewegungen mit kritischer Aufmerksamkeit. Beschämt stelle ich das Bäumchen zurück.

Pa

Es ist schwierig, nicht an den Tod zu denken, während ich hier im Grunde auf ihn warte.

Memento mori, hieß es im Mittelalter, gedenke des Todes. Die Künstler damals malten, schnitzten und meißelten einen Tod, der auf nichts Rücksicht nahm und seine Opfer vorzugsweise während eines Festmahls, eines Trinkgelages oder einer Liebesnacht aufsuchte. Ob sie mit Edelsteinen behangen oder in Lumpen gehüllt waren, für ihn waren alle Menschen gleich. Der Mensch des Mittelalters war ständig darauf gefasst, ihm irgendwo zu begegnen, er schlug ein Kreuz, wenn er an einem Haus vorbeiging, in dem sich der Tod gerade gezeigt hatte. Der Mensch des Mittelalters wusste, dass er mit der Besserung seines Lebens nicht warten durfte, bis ihn die Pest einholte oder bis der Feind die Stadt belagerte.

In unserer Zeit ist der Tod ein großer Unbekannter. Er trifft vor allem andere, im Fernsehen, eine halbe Stunde pro Tag. Als Thema ist er populär, mit ihm wird Geld verdient. Memento vivere lautet heute das Motto, am liebsten in hohem Tempo, und Haben ist an die Stelle von Sein getreten. Den täglichen Umgang mit dem Tod haben wir verlernt, wir wissen nicht mehr, wie es ist, auf vertrautem Fuß mit ihm zu stehen.

Dich hat er auf dem Rückweg überrascht, zwischen Toulouse und Cahors, es war sofort vorbei, du hattest nicht einmal die Möglichkeit, dir in Ruhe zu überlegen, ob er dir überhaupt willkommen war. Weil wir uns mit der schrecklichen Willkür des Schicksals nicht abfinden wollen, neigen wir dazu, allem, was uns widerfährt, eine Bedeutung zuzuschreiben. Ich gab damals, zu Unrecht, Bardo die Schuld.

Ich sehe euch noch vor mir, wie ihr losgefahren seid in Magdas altem 2 CV, einem Campingzelt auf vier Rädern. Du hattest Magda so verrückt gemacht, dass sie unbedingt mitfahren wollte. Zum ersten Mal nach vielen Jahren hattest du offen zugegeben, dass du Bardo besuchen wolltest, ob ich damit einverstanden war oder nicht. Dass ich seine Existenz noch immer trotzig ignorierte, sei meine Sache. Er ist mein Sohn, hast du gesagt. Als wäre Bardo nicht auch mein Sohn!

Wie zwei junge Mädchen seid ihr auf die Reise gegangen, mit Koffern voller Kleider, die mehr Haut frei ließen als bedeckten, und ich konnte euch nicht zurückhalten. Das Letzte, was ich von dir sah, war dein Arm, der winkend aus dem Fenster ragte. Dass es ein Abschied für immer war, konnte ich nicht ahnen.

Du kannst dir nicht vorstellen, Ida, wie es ist, den Tod aus der Ferne nahen zu sehen, zu spüren, wie er sich anschleicht, seine Chancen einschätzt, sich wie ein Raubtier die Lefzen leckt.

Bardo war der Einzige, mit dem ich darüber reden konnte. Der die Muße hatte, mir zuzuhören, als ich über meine Angst vor dem letzten Augenblick sprach, und der mir alberne, aber gut gemeinte Strategien vorschlug, den Tod, wenn es soweit wäre, milde zu stimmen. Er schaffte es, mich aufzumuntern, als ich in der Nacht nach meinem Geburtstag aus einem Albtraum hochfuhr.

»Hallo… hallo…!«, brachte ich mühsam heraus, in Schweiß gebadet, aber nicht imstande, selbst die Decken wegzuschieben.

»Ich komme!«, hörte ich Bardos Stimme, und nach dem unvermeidlichen Gewurstel, in dem er sofort so firm war, als hätte er nie etwas anderes gemacht, schob er mich ins Wohnzimmer vor den Kamin. Er legte ein paar Holzscheite auf die Glut.

»Was war das für ein Lärm?«, frage ich.

»Edwin hat Floor abgeholt«, sagt Bardo.

Der Gedanke an die beiden war deprimierend. Sie besuchten mich zwar treu seit Jahr und Tag, aber der Anblick ihrer dahinwelkenden Beziehung munterte mich nicht gerade auf.

»Er kriegt es nicht auf die Reihe, der Edwin«, murmele ich.

»Was?«

»Seine Ehe, sein Leben. Soviel ich weiß, hat er keine Freunde, keine Hobbys, nichts. Von allem, was wir ihm mitgegeben haben, ist nichts übrig geblieben. Floor tut mir Leid. Was hat sie denn von so einem Mann?«

»Sie kann ihn jederzeit verlassen, Pa.«

»Ich würde es ihr nicht übel nehmen. Obwohl mir die Ehe immer heilig war.«

»Soll ich dir einen leckeren Grog machen? Das tut dir bestimmt gut, so mitten in der Nacht.«

»Tu das. Und leg Musik auf, Mozart oder so. Ich bin auf sehr unangenehme Art aufgewacht.«

»Vom Lärm?« Er sieht mich besorgt an.

»Ich bin schwitzend aus einem schrecklichen Traum hochgeschreckt. Das passiert mir öfter in letzter Zeit.«

Bardo legt ein Klavierkonzert auf. Ich schließe die Augen und genieße den Wasserfall aus Klängen, der auch den Nachhall meines Traums vertreibt.

Vielleicht gibt es doch ein Paradies, eine für uns hier auf Erden unfassbare Konstellation von Vollkommenheiten. Wie sonst ist es zu erklären, dass eine so himmlische Musik existiert? Ich stelle mir vor, dass du dort oben ständig solche Musik hörst, Ida, dass du in einem weißen Gewand und mit einem Kranz aus Gänseblümchen im Haar voll Erhabenheit dazu tanzt. Wer weiß? Aber hier unten, das versichere ich dir, ist diese Art Musik eine Seltenheit. Hier bin ich von jemandem abhängig, der die Freundlichkeit besitzt, eine CD aus der Hülle zu nehmen und auf den richtigen Knopf zu drücken, sonst höre ich nichts, außer meinen eigenen Gedanken, die mangels neuer Anregungen stets das gleiche Unheilsszenario wiederholen.

Bardo tritt mit zwei Gläsern auf einem Tablett ins Zimmer. Er stellt die Musik leiser und setzt sich zu mir. Es ist verrückt, aber erst jetzt habe ich das Gefühl, dass heute mein Geburtstag ist. Er setzt mir das Glas an die Lippen, und ein trostreiches, berauschendes Getränk schmeichelt meinem Gaumen.

Das Gespräch, das wir dann führten, Ida, werde ich nie vergessen. Immer wenn ich Luftnot bekomme in diesem verfluchten Krankenzimmer, rufe ich es mir ins Gedächtnis, das beruhigt mich, auch wenn alles auf reiner Spekulation beruht und Bardos Gedanken über den Tod meiner Ansicht nach eine verwässerte Fassung dessen sind, was darüber in rätselhafter Sprache im *Tibetischen Totenbuch* geschrieben steht. Du weißt doch, in den siebziger Jahren war das ein Kultbuch. Aber dass Bardo versucht hat, mir Mut zuzusprechen, tröstet mich. Unter den Kindern war er der Einzige, der das Thema in meinem Beisein anzusprechen wagte.

»Was hast du denn geträumt?«, fragt Bardo.

»Ich habe von einer Krawatte geträumt, die so stramm saß, dass ich nicht mehr atmen konnte. Um sie zu lösen, hätte ich meine Hände gebraucht, aber die konnte ich nicht heben. Luft, Luft, ich brauchte Sauerstoff. Wie ein Fisch auf dem Trockenen schnappte ich nach Luft, und als ich dann aufwachte, litt ich tatsächlich unter Atemnot, und mein Herz raste. Ich sagte mir: Immer mit der Ruhe, alter Junge, noch lebst du ja.«

»Ein Todestraum.«

»Mein Todestraum… Bardo, ich möchte keine tausend Tode sterben, ehe es endgültig soweit ist.«

»Du darfst keine Angst haben. Wenn du keine Angst mehr hast, träumst du auch nicht davon. Sei mutig, Pa, akzeptier es.«

Ich blicke auf die Flammen im Kamin. Sei mutig, sagt mein Sohn. Sei mutig wie Sokrates, setze ich unwillkürlich im Stillen hinzu. Sokrates meinte, der Körper terrorisiere mit seinen ständigen Gelüsten und Begierden die Seele und behindere so das Streben nach wahrhaftem Wissen. Aus seiner Sicht war es eine große Erleichterung, von diesem anspruchsvollen Körper befreit zu werden. Aber er glaubte an eine unsichtbare Welt, wo seine geläuterte Seele auf ewig in der Gesellschaft der Götter weilen würde.

»Ich beneide die Menschen, die an ein Jenseits glauben«, sage ich, »die kommen wenigstens irgendwohin. Oder Menschen, die an Reinkarnation glauben – wiedergeboren werden, eine neue Chance bekommen, um vielleicht alles ein bisschen besser zu machen. Abiit iam et reverti debet, sagte Tertullian, der ist schon so lange tot, dass er fast wieder zurückkommt. Das ist ein tröstlicher Gedanke. Für Menschen ohne Glauben ist der Tod so kahl, so aussichtslos, so endgültig.«

Bardo nimmt meine Hand, und es stört mich nicht, obgleich ich diese Art Sentimentalität unter Männern nie gemocht habe.

»Stirb mit offenen Augen, Pa, wenn es soweit ist. Stirb mit Neugierde, halte Ausschau nach dem Licht! Es gibt etwas Neues zu lernen, wenn du die Augen offen hältst. Lass los, hab keine Angst. Es ist die ultimative Befreiung, eine Wandlung zum Besseren.«

Ich kann mir ein Lächeln nicht verkneifen. Also doch Sokrates, allerdings einer von heute, in der Person meines eigenen Sohnes?

»Du kannst es wunderbar ausdrücken, wie üblich. So wie du es formulierst, könnte man beinahe Lust dazu bekommen.«

»So ist es auch gemeint! Du musst Lust dazu bekommen!«, sagt er eifrig. »Es ist dein Tod, nicht der von jemand anderem. Du lässt etwas zurück, und an dessen Stelle tritt etwas Neues und Unbekanntes. Der Tod ist wie die Erschaffung eines neuen Lebens. Du weißt bald viel mehr als wir. Unsere kleine Gehirnschale, diese Walnuss, kann den Tod nicht begreifen. Du wirst bald über uns lachen. Während wir hier auf der Erde weiter herummurksen, lachst du uns aus.«

Ich schüttle den Kopf. »Du stellst es dar wie eine Reise zu einem außerordentlich interessanten Ziel. Aber ich bin noch gar nicht so weit, diese Reise anzutreten, außerdem bin ich nie gerne gereist. Es heißt, wenn man alt ist, würde man des Lebens überdrüssig. Die Freunde und Verwandten werden immer weniger, die Welt hat sich so verändert, dass man nicht mehr mithalten kann, der Körper wird schwach und unberechenbar... Aber ich finde das Leben trotz allem noch sehr interessant.«

Er gibt mir noch einen Schluck. Er hat wahrscheinlich einen tüchtigen Schuss von irgendetwas hineingekippt, ich spüre, wie mir der Alkohol wieder zu Kopf steigt.

»Ich stimme dir ja zu, dass das Leben interessant ist«, sagt er. »Aber du hast schon eine tüchtige Portion davon genossen. Dass du jetzt so krank bist, bedeutet offenkundig, dass du deinen Vorrat langsam aufgezehrt hast und es vielleicht gut wäre, mal mit Zufriedenheit zurückzublicken.«

»Aber es ist weiß Gott nicht alles so gelaufen, wie ich wollte...«

»Konzentrier dich auf die Dinge, die sehr wohl gut gelaufen sind...«

Ich sehe ihn unverwandt an. Was für eine Ironie, dass ausgerechnet er mich dazu anspornt, dieser Sohn, der in der Vergangenheit die Ursache von so viel Unheil war und der sich offenbar keines Übels bewusst ist. Wenn man versuchen würde, in Worte zu fassen, was er in seiner scheinbaren Unschuld alles angerichtet hat, blieben einem die Worte im Hals stecken. Man würde zu zweifeln beginnen, in Verwirrung geraten und schließlich dem eigenen Urteil nicht mehr trauen – denn jede mögliche Form der Kritik würde schon von vornherein durch die alles überflügelnde Freude über seine Rückkehr entkräftet.

»Du hattest ein erfülltes Leben, so sehe ich es«, setzt er hinzu.

»Ich verstehe, worauf du hinauswillst. Ta eis heauton: Scheide heiter von hinnen, gleich der gereiften Olive. Sie fällt ab, die Natur preisend und voll Dankes gegen den Baum, der sie wachsen ließ... das wird dich sicher ansprechen.«

»Ja«, nickt er eifrig, »das meine ich. Wer hat das geschrieben?«

»Mark Aurel.«

»Eigentlich gar nicht so übel, die alten Griechen.«

»Er war ein Römer, ein berühmter Kaiser, hast du das etwa vergessen?«

»Dann eben ein Römer, jedenfalls hat er das gut ausgedrückt. Die Natur gibt und nimmt, und wir sind ein Teil von ihr. Wenn ein fünfhundert Jahre alter Baum sterbenskrank ist, sagt man: Wir tun alles, was möglich ist, dann lebt er vielleicht noch hundert Jahre. Aber wenn er darauf nicht positiv reagiert, muss er gefällt werden. Dann pflanzen wir einen neuen Baum und warten fünfhundert Jahre, bis da wieder ein dicker Baum steht. So ist es nun mal, auch Bäume sind sterblich. Geschöpfe werden geboren, leben und sterben. Du, ich und die Bäume. Das wollen wir heutzutage nicht mehr wissen, wir ignorieren es. Dreitausend Jahre lang haben wir hart gearbeitet, um uns von den Naturgesetzen zu befreien. Statt dessen haben wir Menschengesetze gemacht. Mit unserer Zivilisation haben wir den Tod verbannt. Das ist grausam für den, der sterben muss, und für die, die zurückbleiben.«

Sobald Bardo wieder von Bäumen anfängt, schweifen meine Gedanken ab und kehren von selbst zu Sokrates zurück, dem Olympiasieger aller Zeiten in der Disziplin des Sterbens, und zu seiner Vorstellung, das ganze Leben müsse eine Übung im Sterben sein, indem man auf richtige Weise reflektierend das Wesentliche ergründet. Nachdem er ein Leben lang mit seinen Schülern philosophierend und debattierend durch die Stoa geschlendert war, konnte er ohne Angst den Giftbecher an die Lippen setzen, in Gedanken bereits auf dem Weg zur Glückseligkeit.

Aber wir sind zwei Millennien weiter, und ich verlange Beweise, die mich überzeugen. Stirb mit offenen Augen, sagt Bardo, halte Ausschau nach dem Licht! Woher weiß er das so genau? In seinen Worten erkenne ich die gleiche Begierde zu sterben wie bei Sokrates: die endgültige Befreiung. Der Tod nicht als das Ende, sondern als eine andere Seinsweise. Ist Bardo in seiner querköpfigen und unorthodoxen Art zur gleichen Schlussfolgerung gelangt?

»Vielleicht habe ich vor allem Angst davor, wie ich sterben werde«, sage ich, »ich möchte nicht langsam ersticken.«

Bardo springt auf. Er stellt sein Glas geräuschvoll auf den Boden und protestiert. »So weit lassen wir es nicht kommen! Wenn du es irgendwann möchtest, werde ich Stadt und Land abklappern, um jemanden zu finden, der dir die Sache erleichtert...«

»Das würdest du für mich tun?«

Ich spreche leise, obwohl uns niemand hören kann, im Bewusstsein, dass es eine gewagte Bitte ist, vom Vater an den Sohn gerichtet. Eine Bitte, die noch immer mit christlichen Tabus belegt ist, auch wenn in unserem Land liberalere Ansichten herrschen als anderswo. Ich hätte natürlich entsprechende Vorkehrungen treffen müssen, als ich noch in der Blüte meines Lebens stand, aber das »Recht auf Selbstbestimmung« erinnerte mich, wegen der juristischen Implikationen, zu sehr an eine Art Ehescheidung – auch wenn es in diesem Fall um eine Scheidung vom eigenen Leben geht.

»Damit hätte ich kein Problem. Ich will nicht, dass du vor meinen Augen langsam und elend stirbst. Das lasse ich nicht zu. Oder dass sie dein Leben mit allerlei Kunstgriffen verlängern. Wenn du zu erkennen gibst: Jetzt ist es genug... dann weiß ich, was ich zu tun habe. Damit du wunderbar einschlafen kannst, mit deiner Lieblingssymphonie im Hintergrund und einem letzten Glas Genever. Aber wach, geistig wach... damit du hinterher davon berichten kannst, wie es ist, durch den berühmten Tunnel zu gehen...«

»Das ist sehr beruhigend für mich, weißt du, dass eins meiner Kinder die Verantwortung übernimmt und im entscheidenden Augenblick, wenn ich selbst völlig abhängig geworden bin, das tut, was getan werden muss.«

»Mach dir darüber keine Sorgen.«

Ob es nun die Wirkung des Punsches oder Bardos Versprechen war, das Gefühl einer konstanten Bedrohung ließ jedenfalls nach, und das Blut strömte wieder voller Vertrauen durch meine Adern. Sogar die sich in meinem Kopf überschlagenden Gedanken kamen zur Ruhe, der Alarm schien vorerst abgestellt. Ich fragte mich, ob es vielleicht ein urväterliches Gesetz war, in unseren Genen festgelegt, dass wir nicht nur bei unserer Ankunft in dieser Welt die Fürsorge Angehöriger benötigen, sondern auch, wenn wir sie wieder verlassen.

Du lachst mich aus, Ida, ich spüre es. Ich wusste gar nicht, dass du so ein Angsthase bist, sagst du. Du hast leicht reden. Du warst immer leichtfüßig, mehr Luft als Erde, und du hast dich einfach verdrückt. Ich wette, dass dein Geist schon während des Unfalls von der Unglücksstätte aufstieg und sich, bequem auf der Thermik schwebend, mit ausgebreiteten Schwingen ins azurne Firmament erhob.

»Hast du ein Foto von den Jungs?«, frage ich in einer Gefühlswallung.

»Ich… äh, ich glaube ja.«

Bardo steht auf, und nachdem er eine Weile in seinen armseligen Besitztümern gekramt hat, kommt er mit einem Baumwollbeutelchen in der Hand zurück. Andere besitzen eine Lederbrieftasche, dieser Sohn hat einen bestickten Stoffbeutel. Er knüpft ein Band auf und holt ein Foto hervor. Er hält sie mir direkt vor die Augen, die beiden Jungs, beide mit dichtem schwarzen Haar. Der kleinere sitzt auf einem Maulesel, der größere läuft nebenher.

»Was für hübsche Kinder. Der auf dem Esel sieht dir ähnlich, trotz der braunen Augen.«

»Ja, das habe ich schon öfter gehört. Aber er hat auch viel von seiner Mutter.«

Ich blicke auf das Foto, bis es in Bardos Hand zu zittern beginnt. Enkelsöhne. Sie werden nie erfahren, dass es im Nordwesten Europas, in einem Land unter dem Meeresspiegel, einen alten Mann gegeben hat, der sie gern kennen gelernt hätte. Der sie gern vor allem Bösen in der Welt behütet und ihnen das eine oder andere beigebracht hätte, auch wenn es ihm nicht gedankt worden wäre. Weil Kinder die Neigung haben, sich von ihren Eltern abzugrenzen, hat man bei Enkeln wenigstens die Chance, dass etwas haften bleibt und sie ihren Nutzen daraus ziehen.

Zwei Jungen mit spanischen Namen, die Paella essen statt Kartoffeln und in der Schule lernen, dass der Herzog von Alba ein Held war, obwohl dieser Schurke hier in den Niederlanden einer der grausamsten Unterdrücker aller Zeiten gewesen ist. Die Wahrheit über den Herzog von Alba werde ich mit ins Grab nehmen müssen.

»Wie schade, dass ich sie nie kennen lernen werde«, seufze ich.

»Vielleicht lässt sich da ja noch was arrangieren«, überlegt Bardo. Er steckt das Foto wieder in den Beutel.

»Wenn ich die Tickets bezahlen würde?«

»Dann setzt ihre Mutter oder ihre Oma oder wer auch immer sie in Malaga ins Flugzeug, und ich hole sie in Schiphol ab«, ergänzt er.

Plötzlich scheint alles möglich, und ich frage mich, warum es bisher so aussah, als wären überall Hindernisse.

»Und ich lerne ein paar Worte Spanisch«, kündige ich voller Überschwang an.

So ein alter Narr war ich.

»Eine gute Idee«, sagt Bardo, »aber jetzt bringe ich dich ins Bett. Wir sollten versuchen, noch ein paar Stunden zu schlafen.«

Mit lauter guten Vorsätzen schlief ich ein, Ida, ich fiel in einen tiefen, sorglosen Schlaf. Zum ersten Mal seit langer Zeit fühlte ich mich geborgen – ein Gefühl vollkommener Entspannung, wie sie aus Vertrauen heraus entsteht. Es war, als wäre mit Bardo auch etwas von dir ins Haus zurückgekehrt. Eine selbstverständliche Verbundenheit, die den Ernst der Dinge relativiert und die Sorgen übertrieben erscheinen lässt.

»Grüble nicht, dat kömmt doch anners«, hast du immer gesagt. Es war ein Wahlspruch, der in der Toilette deiner Großmutter, dieser unverwüstlichen Friesin, gerahmt an der Wand hing. Weißt du noch?

Dass mir so etwas noch einfällt! Alles ist noch da, von der Krankheit unberührt, ich kann nur nicht auf Abruf darüber verfügen. Darum bin ich all die Jahre mit dir im Gespräch geblieben, und ich war so frei, Antworten von deiner Seite zu improvisieren. Der Gedanke, dass du aus meinem Gedächtnis verschwinden und dich in nichts auflösen könntest, als hättest du nie existiert, war unerträglich. Dich zu vergessen, hätte ich als eine Art von Untreue empfunden. Ich schämte mich schon bei dem bloßen Gedanken, dass du auf diese Weise durch mein Zutun einen zweiten Tod sterben könntest.

Angenommen, dachte ich, es gibt tatsächlich so etwas wie die Seele, eine feinstoffliche Energie, die nach dem Tod im großen Ganzen der universalen Energie erhalten bleibt, wie würdest du dich dann im Kosmos zurechtfinden? Wer sollte mir garantieren, dass deine Seele nicht umherirrte, heimatlos zwischen Sternenstaub, zitternd vor Kälte und Einsamkeit in deinem Kleid, das mehr bloß ließ, als es bedeckte? Darum hielt ich dich lieber fest, all die Jahre, wenn auch nur an einer dünnen Schnur, als ließe ich am Strand einen Drachen steigen. Der Drachen stieg zwar höher und höher, bis nur noch ein Punkt zu sehen war, aber ich hatte mir die Schnur ums Handgelenk gewickelt und sie mit einem Knoten befestigt, damit mir der Drachen nicht davonfliegen konnte, und an der straff gespannten Nylonschnur schickte ich Post nach oben, in der ich dich auf dem Laufenden hielt über alles, was hier unten geschah, auch wenn es nicht immer erfreulich war.

Am nächsten Morgen erwachte ich ausgeschlafen, jedenfalls galt das für den Teil meines Körpers, in dem ich noch etwas spürte. Bardo half mir erstaunlich routiniert beim Aufstehen und Anziehen. Er schob den Rollstuhl ins Wohnzimmer und sagte: »Jetzt noch schnell mit dem Kamm durch die Haare ... und mit dem Rasierpinsel übers Gesicht.«

So begann der Tag, frisch und vielversprechend, und es sah aus, als würden noch viele solcher Tage folgen. Wie konnte ich wissen, dass es nur ein Moment bleiben sollte? Ein Moment, in dem die Bewölkung kurz aufriss und ein Stück blauer Himmel sichtbar wurde, nur um mich zu quälen, denn danach schloss sich die Wolkendecke wieder, und alles war wie zuvor.

»Mein Rasierapparat liegt im Badezimmer«, sage ich.

»Du rasierst dich elektrisch?«, fragt er erstaunt.

Ich nicke. »Dann ist man hinterher nicht so übel zugerichtet, als hätte man sich gerade duelliert.«

»Gut, wir machen es so, wie du es möchtest.«

Seltsam, dachte ich, dass der Bart einfach weiterwächst, während die Krankheit meinen Körper immer mehr lahmlegt. Ohne tägliches Rasieren würde ich, wenn es soweit ist, wie ein Apostel im Sarg liegen.

»Mein Vater ließ sich auch rasieren«, sage ich in das

Summen des Apparats hinein, »beim Barbier, mit einem großen Messer. Mit anderen Herren, die sich rasieren ließen, tauschte er die neuesten Nachrichten aus. Und niemals der kleinste Schnitt. Dann setzte er seinen Hut auf, und der Tag konnte beginnen.

»Damals gab es noch Herren…«, sagt Bardo.

»Jetzt bist du mein Barbier von Sevilla.«

Er lacht und stimmt eine der bekannten Arien aus dieser Oper an, als von der Türschwelle spöttisch eine Stimme ertönt: »Sieh mal an, was für ein Tableau vivant, der verlorene Sohn, der seinen Vater rasiert!«

Wir hatten nicht gehört, wie sie gekommen waren. Edwin, Frank und Hilde standen zu dritt da und sahen uns an, als wären wir eine Jahrmarktsattraktion, aber dass etwas nicht stimmte, Ida, das begriff ich nicht gleich. Dass die drei in der Rolle von Schicksalsgöttinnen auftraten, die bereits über mein Los beratschlagt und entschieden hatten.

Frank

Am frühen Morgen riss mich das Läuten des Telefons aus dem Tiefschlaf. Meine erste Reaktion war, es läuten zu lassen – mein Körper protestierte gegen die Zumutung, dem himmlischen Zustand der Entspannung und Vergessenheit ein so rohes Ende zu bereiten, und mein Geist widersetzte sich der aggressiven Weise, in der die Außenwelt sich aufdrängte. Doch schon bald siegte die Erkenntnis, dass ich reagieren musste, ob ich wollte oder nicht.

Es war Hilde. Sie wiederum hatte gerade einen Anruf von Edwin erhalten, der, wie sie sich ausdrückte, völlig aufgelöst sei. Hildes Stimme klang todmüde und resigniert, als hätte sie endlich erkannt, dass sie die Welt nicht retten konnte.

Sie fasste für mich zusammen, was sich letzte Nacht nach unserem Aufbruch im Haus meines Vaters abgespielt hatte.

Tief im Innern bin ich konservativ. Ich möchte, dass die Liebe ohne Makel ist und ewig währt, ich möchte, dass Liebende einander nie verraten. Ich bin für den Status quo und gegen Veränderung. Die größte Veränderung in meinem Leben war der Verlust meiner

Mutter. Und danach der Verlust Davids. Der Trost, den mir seither flüchtige Begegnungen gegeben haben, ändert daran nichts.

Ich war schockiert. Am Tag zuvor hatte ich einen Bruder zurückbekommen. Der hatte einen großartigen, selbstlosen Vorschlag gemacht, so dass wir alle erleichtert schlafen gehen konnten. Und nun schien durch einen einzigen, idiotischen Fick alles wieder ungewiss.

Hilde bat mich, sofort zu Edwin zu kommen, damit wir von dort aus zu dritt zum Ort des Unheils fahren könnten.

Während ich mich anzog und rasierte, richtete sich meine ganze Abneigung gegen Floor. Wer hätte gedacht, dass sie sich von einer hinfälligen Kameliendame im Nu in eine Femme fatale verwandeln konnte, deren sexuelle Hemmungslosigkeit in einer einzigen Nacht die freudvolle Familienzusammenführung zunichte zu machen drohte? Beim Gedanken an sie schnitt ich mich böse mit der Rasierklinge, was meinen Widerwillen und meine Wut noch steigerte. Ich tupfte das Blut mit einem Wattebausch ab, und von dem hellroten Fleck auf dem jungfräulichen Weiß wurde mir sogleich vor Angst schwindlig. In diesem Blut sah ich die menschliche Unrast und die daraus erwachsende Zerstörungslust, ein sich ewig drehendes Rad von Lust und Hass. Ich schaute mein Spiegelbild an und fragte mich, wer dieser andere war, der mich mit einem Schnitt auf der Wange anstarrte, welche Bedrohungen wohl in seinem Innern verborgen sein mochten.

Edwin erwartete uns blass und angespannt. Mit einem Finger auf den Lippen bedeutete er uns, wir sollten Floor und Steffie nicht wecken.

»Ich brauche euch«, sagte er. Es klang wie ein Befehl.

Es war deutlich, dass es an diesem Tag nicht gestattet sein würde, eine eigene Meinung zu haben. Man erwartete von mir eine selbstverständliche Solidarität, aus Bruderliebe und moralischer Entrüstung.

Edwin bestand darauf, dass wir mit ihm fahren sollten. Also saß ich wenig später auf dem Rücksitz und hatte hauptsächlich Sicht auf den halben Haarkranz seines ansonsten kahlen Schädels, ein jämmerlicher Grasrand dessen, was einst ein Rasen gewesen war. Er tat mir Leid wegen dieser Sache, aber reichte das aus, um zusammen mit ihm und Hilde die Rolle des Rächers zu übernehmen? Je länger ich darüber nachdachte, desto fraglicher erschien es mir. Während Bardo und Floor sich dem hingegeben hatten, was für sie offenbar unumgänglich war, hatte ich das Gleiche getan. Das eine hatte sich in der Familie abgespielt, das andere in der Anonymität. Natürlich hatten auch sie nicht gewollt, dass jemand anders davon erführe, aber Floor war so unvorsichtig gewesen einzuschlafen, statt danach in ihr Auto zu steigen. Vielleicht aus einem unbewussten, exhibitionistischen Bedürfnis nach Entdeckung?

Im Wagen herrschte grimmiges Schweigen. Ich sah dem Kommenden mit Schrecken entgegen. Szenen kann ich nicht ausstehen. Menschen, die in Rage geraten, verlieren die Kontrolle über ihre Gesichtsmuskeln, so dass widerwärtige Gefühle, die für gewöhnlich verborgen bleiben, sichtbar werden. Gesichter verzerren sich vor Wut, Schmerz, Neid, Verleugnung oder Angst, und das Ergebnis ist außerordentlich unästhetisch. Es kommt zu Schlammschlachten, fürchterliche Beleidigungen fliegen hin und her, die nie mehr gutzumachen sind.

Mein Herz rast bei solchen Szenen, und die Worte bleiben mir im Hals stecken. Ich kann meine Gedanken nicht mehr ordnen, erst wenn es zu spät ist, fällt mir ein, was ich hätte sagen sollen.

Das Auto hielt an. Am liebsten wäre ich weggerannt, in nagelneuen Nikes, weit weg von hier in einem himmlisch befreienden Lauf.

Vorsichtig wie ein Dieb steckt Edwin den Schlüssel ins Schloss. Aus dem Wohnzimmer tönt Gesang. Befangen folgen wir Edwin in die Diele, wo er leise die Tür zum Wohnzimmer öffnet. Unsere Beklommenheit steht in krassem Gegensatz zu dem friedlichen Schauspiel, dessen Zeugen wir nun werden. Bardo rasiert Pa und singt dabei aus voller Kehle. Seit langem habe ich meinen Vater nicht mehr so vergnügt gesehen. Mich durchfährt der Gedanke, dass wir diese Zufriedenheit nicht stören dürfen, weil sie kostbarer als all das andere ist.

Aber ich habe nichts zu melden, denn Edwin tritt einen Schritt vor und sagt zynisch: »Sieh mal an, was für ein Tableau vivant, der verlorene Sohn, der seinen Vater rasiert!«

Jedes Wort, das er sagt, schmerzt, am liebsten würde ich mir die Ohren zuhalten, um es nicht hören zu müssen.

»Und das, wo der Barbier erst heute Nacht so erfolgreich seine Verführungskünste an meiner Frau ausprobiert hat«, fährt er grimmig fort und brüllt dann: »Stell den Scheißrasierapparat ab!«

Mit ergebenem Lächeln tut Bardo, was von ihm verlangt wird.

»Was hast du da gesagt?«, fragt Pa mit ruhiger Stimme.

»Du weißt genau, wovon ich rede.«

»Nein. Ihr seid früh, wolltet ihr nicht erst um zwölf kommen?«

»Wir sind so früh, weil der da«, Edwin deutet mit dem Kopf auf Bardo, »heute Nacht mit Floor, äh…«

Um seinen Vater nicht vor den Kopf zu stoßen, sucht er fieberhaft nach Ersatz für die wenig dezenten Wörter, die ihm auf der Zunge liegen.

»Äh… geschlafen hat, hier, direkt neben deinem Schlafzimmer. Du willst mir doch nicht erzählen, dass du nichts davon gemerkt hast?«

Es ist still im Zimmer. Pa blickt von Edwin zu Bardo.

»Ist das wahr?«

»Floor und ich«, bestätigt Bardo, »wir haben einander heute Nacht wiedergefunden, nach all den Jahren, in denen wir uns so fern waren, und es hat uns gut getan.«

»Aber das geht doch nicht, sie ist die Frau deines Bruders!«

Bardo schüttelt den Kopf. »Es hat nichts mit Edwin zu tun, es ist etwas nur zwischen Floor und mir.«

»Siehst du«, ruft Edwin, »er hat kein Gewissen!«

»Ist dir denn nicht klar, was so ein unüberlegtes Handeln für psychische Folgen haben kann«, fragt Hilde in verzweifeltem Ton. Es klingt, als flehte sie ihn an, Reue zu zeigen, damit sich alles irgendwie noch zum Guten wenden könnte. Ich weiß jetzt schon, dass sie später alle Schuld auf sich nehmen wird, weil es ihre Idee war, Bardo einzuladen.

»Ich möchte erst mal ein Missverständnis aus dem Weg räumen«, sagt Bardo, »was die psychischen Folgen betrifft, sind wir auf völlig verschiedenen Wellenlängen. Eure Moral ist nicht die meine, ich bin damals nicht umsonst abgehauen, so schnell ich konnte. Ihr habt fest umrissene Vorstellungen über Mein und Dein, während ich bereit bin, was ich habe, mit jedermann zu teilen, und von dem Gedanken ausgehe, dass mein Gegenüber auch so gestrickt ist. Wir können einen anderen Menschen nicht besitzen, wir sind nicht mehr als Passanten im Leben des andern. Aber wenn sich unsere Wege kreuzen, kann das für kürzere oder längere Zeit ein großes Ereignis sein, das für beide Parteien bedeutend ist.«

»Der eine wird nach seiner Fasson selig«, sagt Edwin höhnisch, »und der andere steht vor einem Scherbenhaufen.«

»Aber du bist jetzt hier bei uns«, sagt Pa in vorwurfsvollem Ton zu Bardo, »es ist doch nicht zu viel verlangt, dass du dich ein wenig anpasst? Auch wenn du bereit bist, was du besitzt, mit jedermann zu teilen, bedeutet das nicht automatisch, dass dein Bruder seine Frau mit dir teilen will – das ist etwas ganz anderes. Das geht nicht, das musst du doch einsehen.«

Was für eine Diskussion. Alles wird vage, ich weiß nicht einmal mehr, auf wessen Seite ich stehe. Mit der Bedeutung von Mein und Dein beschäftigte sich schon Marx, aber so viel ich weiß, bezog er es nicht auf die Ehe. Wird Bardo denn nie von trivialen menschlichen Gefühlen wie Eifersucht und Verlustangst gequält?

Bardo will gerade antworten, da geht die Tür auf, und Floor steht auf der Schwelle. Sie hat sich nicht die Zeit genommen, sich zu schminken und ihr Haar zu kämmen, sie trägt ein formloses beigefarbenes Kleid und hat dunkle Augenringe. Es ist nicht zu übersehen, dass sie heute ihr Büßergewand trägt. Wieder lodert eine Flamme des Ärgers in mir auf. Wer ist diese Laus in unserem Familienpelz? Diese Frau mit ihren chamäleonhaften Stimmungswechseln, ihrem Opportunismus, ihrer alles absorbierenden Weiblichkeit?

»Was willst du hier?«, fragt Edwin in scharfem Ton.

Sie schaut umher, um die Stimmung zu sondieren.

»Ich bin aufgewacht und hörte ein Auto wegfahren. Ich dachte: Sie fahren ohne mich.«

»Wir wollten dich ausschlafen lassen«, sagt Edwin, »du wirst eine anstrengende Nacht hinter dir haben.«

»Ach, Floortje...«, seufzt Pa, »wie konntest du dich so gehen lassen...«

Floor wirft Bardo einen scheuen Blick zu. »Es tut mir Leid«, beschämt senkt sie den Kopf, »es tut mir sehr Leid...«

»Das ist nicht dein Ernst«, sagt Bardo, »dass es dir Leid tut. Du hast es genossen und ich auch.«

»Du kannst ihr nicht vorschreiben, was sie zu empfinden hat«, sagt Hilde in dem sanften, aber gestrengen Ton, den sie sich gewöhnlich für ihre Klienten vorbehält.

Floor blickt hilflos von einem zum andern.

»Es... es überkam mich. Ich war so froh, ihn wiederzusehen, wie hatten uns so viel zu erzählen. Es war... als hätte es all die Jahre nicht gegeben... so vertraut war es... wie früher.«

»Es reicht!«, herrscht Edwin sie an. »Jetzt reicht es wirklich! Da seht ihr, was er angerichtet hat. Noch keine vierundzwanzig Stunden hier, und schon hat er meine Familie zerrüttet. Ich will, dass er wieder dahin geht, woher er gekommen ist, und zwar sofort, ehe er noch mehr Schaden anrichtet!«

Ich erschrecke. Die Sache droht eine unerwünschte Wendung zu nehmen.

»Immer mit der Ruhe, Edwin«, sage ich, »das solltest du jetzt nicht überstürzen.«

Pa pflichtet mir bei. »Jetzt mal langsam, Junge. Was passiert ist, lässt sich nicht beschönigen, wir können alle nachempfinden, wie du dich jetzt fühlst. Aber du musst erst wieder zu dir kommen, gönn dir selbst ein bisschen Zeit.«

»Und inzwischen macht er hier, was er will? Glaubst du etwa, dann kann ich noch ruhig schlafen?«

»Du tust so, als ob ich ein Ungeheuer wäre. Pa hat Recht, du musst zur Ruhe kommen, du siehst die Wirklichkeit mit verzerrtem Blick. Meiner Ansicht nach arbeitest du zu hart, du bist völlig erschöpft vom Geldverdienen. Ich bin nicht hier, um dir in die Quere zu kommen. Ich helfe Pa zu sterben und Floor zu leben, das ist alles.«

»Du hältst dich wohl für Gott!«, ruft Edwin fassungslos. »Habt ihr das gehört? Er verfügt über Leben und Tod!«

Wenn die Realität unerträglich wird, zwinge ich mich, an etwas anderes zu denken. Es ist ein Verschwindetrick, mit einem mentalen Riesensprung kann ich mich in ein Weizenfeld voll blühendem Mohn im Atlas-Gebirge versetzen und etwas später in ein Nomadenzelt, wo ich beim Genuss von Tee und Zuckerbrot das komplizierte Karomuster eines von der Gastgeberin gewebten Kelims studiere. Es heißt, dass die Karos Glück bringen. Und das kann ich gebrauchen, mindestens einen Sack voll Karos. Ich sollte so einen Teppich kaufen und mit nach Hause nehmen. Vielleicht stimmt es ja, das mit dem Glück. Es gibt eine Terra incognita, wo Entscheidungen über einen getroffen werden, ohne dass man nach seiner Meinung gefragt wird.

»Vielleicht liebe ich ja beide!«, sagt Floor.

Mit verhaltenem Triumph blickt sie von einem der Anwesenden zum nächsten, sie glaubt, uns mit diesen Worten einen Ausweg aus dem Dilemma aufgezeigt zu haben und als Friedensstifterin in die Geschichte einzugehen. Ist es Naivität oder einfach grenzenlose Dummheit?

Bestürzt starren wir sie an. Zuerst fehlen uns die Worte, dann überschlagen sich die entrüsteten Proteste, und Floor, die merkt, dass sie völlig danebengehauen hat, wischt sich den Schweiß von der Stirn. Sie hat das Gegenteil von dem erreicht, was sie bezweckt hatte, und versteht nicht, warum.

Im Nachhinein betrachtet, war dieser perverse Rettungsversuch der Wendepunkt. Er zwang Hilde zum Eingreifen. Sie wirkt zwar manchmal etwas soft und farblos, aber wenn's drauf ankommt, ist sie die Entschlossenste und Tatkräftigste von uns allen. Ihre Meinung wird respektiert. Sogar von Bardo.

»Die Diskussion ist absurd«, sagt sie, »und fatal für Pas Gesundheit. Wir können uns nicht darüber hinwegsetzen, dass Edwin durch das, was geschehen ist, sehr verletzt wurde und dass er hier derjenige ist, der den Kürzeren zu ziehen droht. Er kann es nicht verkraften. Ich fürchte, Bardo, unter diesen Umständen kannst du nicht bleiben, auch wenn wir dein Angebot, für Pa zu sorgen, noch immer schätzen und es eigentlich für eine gute Lösung hielten.«

»Das hier ist kein Ort für mich«, gibt Bardo zu meinem Erstaunen kampflos zu. »Wir sind zu verschieden.«

»Moment mal...«, ruft Pa mit aller Kraft, die noch in ihm steckt, »ich bin damit aber nicht einverstanden!«

Durch Hildes Unterstützung wieder mit mehr Selbstvertrauen sagt Edwin: »Pa, du hattest hier immer die Fäden in der Hand, und wir haben uns alle Mühe gegeben, es dir recht zu machen. Aber zu deinem gegenwärtigen Zustand gehört eine gewisse Bescheidenheit.«

»Sicher, aber ich weiß genau, worauf es hinausläuft: vier kahle weiße Wände, Fenster, die sich nicht öffnen lassen, und eine schroffe Stationsschwester, die mir vorschreibt, wann ich schlafen gehen muss und wann ich die Augen wieder öffnen darf...«

»Woher willst du das denn wissen, du bist noch nie dort gewesen.«

»Und dann ab in die Kiste und fertig.«

»Mensch, Pa, sieh nicht alles so schwarz«, sage ich.

»Das steht jetzt gar nicht zur Debatte«, sagt Hilde, »momentan geht es darum, dass wir mit Bedauern feststellen müssen, dass es unter den gegebenen Umständen besser ist, wenn Bardo wieder abreist. Es ist sehr schön, dass er nach all den Jahren noch einmal hier sein konnte und du mit eigenen Augen gesehen hast, dass es ihm gut geht.«

»Darüber bin ich auch sehr froh«, gibt Pa zu, »nur sehe ich nicht ein, warum er so plötzlich wieder abreisen soll. Die ganze Aufregung wegen heute Nacht...«

»Du nimmst mich nie ernst!«, sagt Edwin in scharfem Ton. »Das war früher schon so, und das ist auch heute noch so!«

»Müsst ihr denn erst so alt werden wie ich«, fährt Pa unbeirrbar fort, »um den Ernst dieser Dinge ein wenig relativieren zu können?«

»Ich hätte mal gern gesehn, wie großartig du hättest relativieren können«, schnaubt Edwin, »wenn einer deiner Brüder dir so einen Streich mit Ma gespielt hätte...«

In den Gärten der Oasen von El-Kelaa des M'Gouna blühen die Rosenhecken. Exotische Frauen in kostbaren Gewändern, die sich seit der Zeit der großen Karawanen nicht verändert haben, pflücken ohne Hast die rosa Blütenblätter, um Rosenöl und Rosenwasser daraus zu machen. Es ist ein beruhigendes und friedvolles Bild, ein Vorgeschmack auf das Paradies. Die Vögel singen, die Rosen duften, und die Frauen sind in ihre zeitlose Tätigkeit vertieft. Bestreue mein Bett mit Rosenblättern, und ich werde dich lieben bis ans Ende der Zeiten.

Das hätte Edwin nicht sagen dürfen. Ma hätte er hier herauslassen müssen, auch wenn es nur eine theoretische Erwägung war, noch dazu lange nach ihrem Tod. Es war pure Blasphemie, die Vorstellung heraufzubeschwören, wie unsere Mutter mit einem unserer Onkel... Sie mit einer Frau wie Floor zu vergleichen...

Wir alle sind sprachlos. Das war eine Grenzüberschreitung. Wenn ich daran zurückdenke, verspüre ich noch heute einen bitteren Geschmack im Mund. Mein Vater wird von einem Hustenanfall überwältigt. Bardo klopft ihm heftig auf den Rücken, Hilde ruft, dass er gerade das nicht tun dürfe, und Floor rennt nervös mit Wassergläsern hin und her. Edwin sitzt auf dem Sofa und starrt auf seine Schuhspitzen. Dass Ma so unerwartet in dieses Gespräch hineingezogen wurde, ohne sich verteidigen zu können, hat uns in eine schreckliche Sackgasse geführt. Was soll man jetzt noch dazu sagen?

Ganz langsam ebbt der Husten ab. Pa schaut mit leerem Blick ins Zimmer, abwartend, als könne ihn der Husten jeden Augenblick erneut überfallen, dann jedoch zum letzten Mal im Leben. Von dem munteren, frisch gewaschenen und rasierten Mann, der mich bei unserer Ankunft so überrascht hatte, ist nichts übrig.

»Bring mich ins Bett«, sagt er mit dumpfer Stimme.

Die Stimmung ist implodiert. Was bleibt, sind die Bruchstücke des Festes vom Vortag, und es gibt keinen Leim, der sie wieder kitten könnte.

»Tut mir Leid, Pa«, sagt Bardo, »dass ich so viel Aufregung verursacht habe.«

»Schon gut, Junge, schon gut.«

»Ich bringe dich noch ins Bett, bevor ich mich von dir verabschiede.«

»Du brauchst nicht sofort abzureisen«, sagt Hilde.

»Doch, wenn ich ohnehin gehen muss, dann lieber gleich. Auch wenn es mir wirklich zu Herzen geht. Ich hätte Pa so gern dabei geholfen, dem großen Abenteuer mit erhobenem Haupt entgegenzutreten.«

Die ganze Zeit habe ich gestanden, jetzt sinke ich erschöpft auf einen Stuhl. Während Bardo mit Pa und Hilde im Schlafzimmer verschwindet und Floor in die Küche flieht, sitzen Edwin und ich einander schweigend gegenüber.

Mir wird bewusst, dass nicht nur Bardo, sondern auch dieser Bruder, den ich schon mein ganzes Leben kenne, eigentlich immer ein Fremder für mich war. Wenn ich ihn ansehe, bin ich immer hin- und hergerissen zwischen Mitleid und Zorn. Früher ließ er mich eigentlich gleichgültig, seit gestern ist das anders geworden. Er ruft jetzt Reaktionen bei mir hervor, wenn auch verwirrende. In gewissem Sinn benötigt er Trost, aber das gilt auch für Pa und für Hilde und für mich. Wir alle benötigen Trost, aber es gibt niemanden, der ihn spenden könnte. Vielleicht abgesehen von Bardo, doch auf dessen Trost legt niemand Wert.

Steffie

Am Morgen nach der Feier wachte ich mit zwei spanischen Cousins im Kopf auf. Es war ein sehr schönes Gefühl, die Augen aufzumachen und zu wissen, dass ein paar tausend Kilometer von hier zwei kleine Jungs, die mit mir verwandt sind, wahrscheinlich gerade irgendwelche Streiche ausheckten.

Davor war ich immer allein aufgewacht, denn mein Bruder hat nur einen Tag gelebt, und zwar in einem Brutkasten mit lauter Schläuchen und Apparaten. Er kam viel zu früh auf die Welt, sagt meine Mutter, und hat sie viel zu früh wieder verlassen. Das war lange vor meiner Geburt. Vielleicht meinte er, dass er zu hart arbeiten müsste, um zu leben, und wollte zurück in das Paradies der ungeborenen Kinder. Man weiß nicht, was ein Baby denkt, wahrscheinlich mehr, als wir begreifen können.

Ich dachte an meine kleinen Cousins und brannte darauf, sie kennen zu lernen. Ungeduldig sprang ich aus dem Bett, duschte rasch und zog mich an. Heute würde es mir schwer fallen, mich auf den Stoff für die Klassenarbeit morgen zu konzentrieren, so zapplig war ich bei der Aussicht, die Jungen in den Sommerferien zu sehen. Erst als ich die Treppe hinunterlief, fiel mir auf, wie sonderbar still es im Haus war.

Ich schaute in alle Zimmer, niemand war da. Es gab nur eine Erklärung: Sie hatten mich vergessen. Vielleicht sogar mit Absicht. Sie waren ohne mich losgefahren, und ich musste den Bus nehmen.

Als ich in Opas Wohnzimmer trat, spürte ich sofort, dass etwas nicht stimmte. Mein Vater und Onkel Frank saßen sich schweigend gegenüber, und die Stimmung im Raum war so bedrohlich, dass ich es nicht einmal wagte, meinen Vater zu fragen, warum er nicht auf mich gewartet hatte. Es muss etwas Schlimmes mit Opa passiert sein, dachte ich. Sie erzählen mir nie etwas, weder die schönen Sachen noch die schlimmen.

»Du kommst gerade rechtzeitig, um dich von Bardo zu verabschieden«, murmelt mein Vater.

»Reist er schon wieder ab?«

Ich bin völlig baff.

»Aber er wollte doch hier bleiben! Ist was mit Opa?«

»Mit Opa ist nichts«, sagt er. »Er ist nur um eine Illusion ärmer.«

Seltsam, dass Onkel Frank so still ist. Normalerweise hat er immer irgendeine Bemerkung parat, auf die man schnell reagieren muss, sonst spielt er einen an die Wand.

Was hat das alles zu bedeuten? Da beeilt man sich extra, um an einem leckeren Brunch teilzunehmen, und dann herrscht so eine Begräbnisstimmung. Weil ich keine Lust habe, mich zu zwei schlecht gelaunten Kerlen zu setzen, gehe ich in die Küche. Dort treffe ich meine Mutter an, die in einem unvorteilhaften Sackkleid und mit verstrubbelten Haaren Brote streicht. Auf zwei Schalen stapeln sich bereits Pyramiden von belegten Broten, gerade füllt sie eine dritte. Und was seit Jahren nicht mehr vorgekommen ist: Sie summt dabei vor sich hin. Kaum hörbar, vielleicht ist es mehr eine Art Vibrieren tief in der Kehle. Jedenfalls scheint es mir ein gutes Zeichen zu sein.

»Für wen sind die ganzen Brote?«

Sie ist nicht überrascht, mich zu sehen.

»Für uns alle«, sagt sie, »und für Bardo, für die Reise nach Spanien.«

»Aber warum so viele? Am Ende muss er noch für Übergepäck bezahlen.«

Sie lächelt ein bisschen. Fürs Erste ist meine Mutter die Einzige hier im Haus, die wenigstens ein ganz kleines Lächeln übrig hat.

»Warum reist er heute schon wieder ab?«

Sie nimmt gerade eine große Scheibe Schinken mit weißen Fetträndern aus einer Tüte. Mit dem Schinken in der Hand dreht sie sich zu mir um.

»Das erkläre ich dir später noch«, sagt sie in gedämpftem Tonfall, »mach dir keine Sorgen, es wird schon alles wieder.«

Ich glaube ihr. Wenn meine Mutter mit einer Scheibe Parmaschinken in der Hand erklärt: Es wird schon wieder, dann ist das etwas so Besonderes, dass ich ihr einfach glauben muss. Ich schlendere wieder ins Wohnzimmer und bin beruhigt, denn heute hält meine Mutter die Fäden in der Hand.

Die Tür von Opas Schlafzimmer geht auf. Bardo erscheint im Türrahmen und dreht sich noch einmal zu Opa um, um ihm etwas zu sagen. Ich finde es nach wie vor sonderbar, dass Opa im Bett liegt, angeblich, weil er um eine Illusion ärmer ist. Es ist noch nicht mal Mittag.

»Und nicht vergessen, Pa: immer neugierig bleiben!«

Opa murmelt etwas, was ich nicht verstehen kann, und Bardo nickt. Dann tritt er ins Wohnzimmer und begrüßt mich herzlich. Er erklärt, dass er zu seinem Rucksack will, um ein Foto meiner Cousins herauszuholen.

»Darf ich sie mal sehen?«, frage ich.

»Aber ja«, sagt er.

Als er mir das Foto reicht, fügt er hinzu: »Du kannst auch kommen und sie dir in der Realität ansehen. Sie würden sich bestimmt freuen.«

»Ist jetzt endlich mal Schluss?«, sagt mein Vater.

Im Buch *Stilfiguren* wird so etwas als rhetorische Frage bezeichnet.

Onkel Bardo ist so klug, nicht darauf einzugehen. Ich sehe mir das Foto mit den beiden Jungs an, die also wirklich mit mir verwandt sind, und verspreche ihnen heimlich, dass ich sie besuchen werde, sobald ich mein Zeugnis habe, ob ich nun versetzt werde oder nicht. Und wir werden lauter Dinge tun, die nicht erlaubt sind, füge ich in Gedanken hinzu, oder die hart an der Grenze sind. Ich würde mein Versprechen am liebsten mit einem Kuss auf das Foto besiegeln, aber das lasse ich lieber, um meinen Vater nicht auf die Palme zu bringen.

Ich gebe Bardo das Foto zurück, der damit in Opas Schlafzimmer verschwindet. Ich will ihm hinterher, um Opa guten Tag zu sagen, aber mein Vater ruft: »He, he, was wird das denn?«

Ich weiß schon jetzt, dass der Tag heute nicht besonders angenehm sein wird. Das bezeichnet man als Euphemismus, ich werde die Klassenarbeit bestimmt gut hinkriegen.

Meine Mutter kommt aus der Küche und stellt die Schalen mit den belegten Broten auf den Tisch. Ich nehme mir eins, um etwas zwischen den Fingern zu haben, achte aber sorgfältig darauf, keins mit Parmaschinken zu erwischen. Ich mag keine weißen Fettränder.

»Nicht die Brote anfassen, die andere noch essen wollen«, tadelt mich mein Vater. Dann machen sich Onkel Frank und er wie ausgehungert über die Pyramide her. Immer noch besser als das schweigende Herumhocken.

Hilde kommt ins Zimmer, gefolgt von Bardo, der behutsam Opas Schlafzimmertür hinter sich schließt. Seine Hände sind leer, offenbar hat er Opa das Foto geschenkt.

»Und jetzt muss ich los«, sagt er und blickt lächelnd in die Runde.

»Warum hast du es plötzlich so eilig«, frage ich, »kannst du nicht noch ein bisschen bei uns bleiben?«

»Ich hoffe, dass ich ein Last-Minute-Ticket kriege.«

»Und wenn das nicht klappt?«, fragt meine Mutter besorgt. Sie hält eine Plastiktüte mit belegten Broten in der Hand.

»Dann strecke ich mich auf einer Bank aus, den Rucksack unterm Kopf. Wenn ich wach werde, sehe ich die Sonne aufgehen und die ersten Flugzeuge mit glänzenden Tragflächen aufsteigen.«

Freundlich, aber distanziert reicht er Onkel Frank und meinem Vater die Hand. Mich küsst er viermal auf die Wangen, und wieder fühle ich mich federleicht.

»Ich rechne diesen Sommer mit dir«, sagt er, als hätte er den Protest meines Vaters schon vergessen, »deine Tante hat meine Handynummer.«

Dann ist meine Mutter an der Reihe. Das hat er sich bis zuletzt aufgehoben, sie wird zärtlich umarmt.

Zu zärtlich, dachte ich damals, weil ich noch von nichts wusste. Die anderen dachten das auch, jedenfalls guckten sie so.

Er flüstert meiner Mutter etwas ins Ohr. Sie nickt und drückt ihm die Tüte mit den Broten in die Hand. Es muss eine angenehme Einflüsterung gewesen sein, denn ihre Wangen färben sich rötlich, und ihre Augen bekommen einen ungewohnten Glanz. Dann fällt ihr plötzlich der Rest der Familie wieder ein, und sie flüchtet in die Küche.

So lagen die Dinge, als Bardo wieder fortging. Tante Hilde brachte ihn zum Flughafen. Die Übriggebliebenen machten sich weiter über die Brote her, und auch ich nahm mir noch eins, um die Leere auszufüllen, die Bardo hinterlassen hatte.

»Hast du gesehen, wie wenig Sachen er im Rucksack hatte?«

Mein Vater redet mit vollem Mund, was er mir immer verbietet.

»Ich wette, da war nicht einmal eine Zahnbürste oder ein Pyjama drin.«

»Ich bemühe mich auch immer, mein Gepäck auf ein Minimum zu reduzieren«, sagt Onkel Frank, »aber mein Samsonite ist trotzdem jedes Mal wieder voll.«

»Er wollte überhaupt nicht hier bleiben«, sagt mein Vater in vertraulichem Ton, »es war alles nur Theater.«

Mein Onkel sieht ihn zweifelnd an.

»Nein, das glaube ich nicht. Das geht nun wirklich sehr weit.«

»Ich bin mir sicher, ich kenne ihn ja. Ich kenne ihn seit seiner Geburt.«

Onkel Frank schüttelt mitleidig den Kopf.

»Du hasst ihn aus ganzer Seele, stimmt's?«

»Er kommt, er bringt alles durcheinander, und ehe man sich's versieht, ist er wieder weg«, fährt mein Vater fort, ohne darauf einzugehen, was sein Bruder gesagt hat.

»Du hast selbst darauf bestanden, dass er wieder geht…«

»Ein Nomade, mit dem Unterschied, dass ein echter Nomade kein Nestbeschmutzer ist.«

»Warum sagst du so schlechte Sachen über Onkel Bardo!«, rufe ich empört.

»Das hier ist nicht für deine Ohren bestimmt«, sagt mein Vater herablassend, »geh mal zu deiner Mutter in die Küche.«

In diesem Augenblick habe ich ihn gehasst. Er hatte alles verdorben: Opas Geburtstag, den Brunch, Bardos Besuch, alles. Ich konnte seine Anwesenheit keine Minute länger ertragen und tat ihm den Gefallen gern, allerdings nicht, ohne die Küchentür hinter mir zuzuknallen. Er bildete sich ein, über alles und jeden bestimmen zu können. Aber da irrte er sich. Bei meiner Mutter dagegen war die Atmosphäre angenehm. Es war, als umgäbe sie noch etwas von Bardo, als hätte sie heimlich ein Stückchen von ihm zurückbehalten.

»Wir fahren einfach nach Spanien, du und ich«, sagte sie verschwörerisch, »sobald du Ferien hast.«

Das war genau die Art Verschwörung, nach der ich mich gesehnt hatte.

Meine Mutter hielt Wort. Zwei Monate lang ließ sie keine Silbe über unseren Plan verlauten. Mein Vater, der neuerdings öfter zu Hause war, wunderte sich vielleicht ein bisschen, denn sie sang in allen Zimmern und sonnte sich bei schönem Wetter stundenlang oben ohne auf dem Rasen.

»Wir dürfen da nicht als Bleichgesichter auftauchen«, flüsterte sie, »komm doch auch.«

Aber ich musste mich ins Zeug legen, um in der Schule zu retten, was zu retten war. Auf einmal wollte ich unbedingt versetzt werden.

Als Opa ins Krankenhaus gebracht wurde, bekam ich seine Bücher von Jules Verne und die antike Frisierkommode von Oma. Die Kommode hat sehr viele Schubladen, und ich habe sie alle aufgezogen, aber kein Geheimfach entdeckt. Ich hatte gehofft, irgendwelche Liebesbriefe mit einem Band drum herum zu finden, von einem geheimen Verehrer, der mittlerweile auch längst alt und zerknittert sein musste. Oder auf eine Botschaft für ihre Enkeltochter, mit Warnungen und Ratschlägen, die ich von meiner Mutter nie bekommen habe.

Der Abschied von Opa war grässlich. Meine Mutter wollte nicht, dass ich es ihm erzählte, weil er meinen Vater hätte warnen können. Also saß ich an seinem Bett, ohne darüber sprechen zu dürfen. Ich hätte gern auf die Bücher von Jules Verne und die Frisierkommode, die ihre Geheimnisse ohnehin nicht preisgab, verzichtet, wenn ich Opa dadurch wieder in sein eigenes Haus hätte zurückbringen können, so jämmerlich war sein Anblick in dem hohen, weißen Krankenhausbett zwischen Wänden, an denen nirgendwo etwas Schönes hing, was er sich hätte ansehen können. Wenn ich in dem Krankenhaus zu bestimmen hätte, würde ich mit ein paar wunderschönen

Bildern unterm Arm in sein Krankenzimmer kommen und sagen: Suchen Sie sich etwas aus. Was hätten Sie lieber: einen Wald mit Farnen und Buchen und Hirschen oder ein Bild vom Meer mit einem prachtvollen Wolkenhimmel? Wir haben auch ein Aktgemälde für Sie, falls Sie daran mehr Gefallen finden, oder eine naturgetreue Abbildung der Amsterdamer Grote Kerk mit Spaziergängern auf dem Platz. Van Goghs Sonnenblumen und das Zigeunermädchen mit der Träne haben wir natürlich auch vorrätig, es gibt nun mal eine Menge Leute, die man in ihren letzten Lebenstagen mit nichts anderem so beglücken kann wie mit einer weinenden Zigeunerin. Die schwarzen Balken meines Vaters hätte ich auf keinen Fall im Angebot, auch nicht das weiße Gemälde mit einem Punkt darauf, das ich im Museum gesehen habe und das genau so berühmt wie die Nachtwache ist.

Ich saß neben Opa und plapperte einfach drauflos. Ich hatte schreckliche Schuldgefühle, weil ich mich mit meiner Mutter heimlich davonmachte. Er könnte ja in der Zwischenzeit sterben. Dann würde ich ihn nicht mehr wiedersehen und mich nicht einmal von ihm verabschieden können, für immer, meine ich.

Kaum zu glauben, dass wir noch keine vierundzwanzig Stunden unterwegs sind. Es scheint so lange her zu sein, dass meine Mutter einen Brief auf dem Küchentisch hinterließ, mit einem Schlüsselbund darauf, der betonen sollte, dass sie für immer gegangen war.

Ich durfte den Brief lesen. Darin steht schwarz auf weiß, dass sie meinen Vater nicht mehr liebt, außerdem eine Menge Blabla, um diese Feststellung abzumildern. Dass sie ihn respektiere und ihm dankbar sei und ihm alles erdenklich Gute wünsche. »Ich folge der Stimme meines Herzens«, schreibt sie am Ende des Briefs. Eine Stilblüte, aber woher sollte meine Mutter das wissen? Bevor sie zu den *Stilübungen* gekommen ist, war sie bereits schwanger und musste die Schule verlassen.

Ich hätte den Brief besser nicht lesen sollen. Mir meinen Vater vorzustellen, wie er ihn findet, ist das Letzte, was ich in diesem Moment möchte. Dennoch sehe ich das Bild ständig vor mir. Es überlagert die Landschaften, durch die wir fahren, und es überlagert die Neugier auf meine Cousins.

Es wird schon noch verblassen.

Ich lege eine CD mit alten Popsongs in meinen Discman und lasse mich zurücksinken.

»Life is wonderful, wonderful, wonderful…«, kommt von der CD.

Pa

Der verlorene Sohn, der seinen Vater rasiert, sagte
Edwin. Du kennst die Bibel nicht, Ida, weil du wie ich
aus einem gottlosen roten Nest stammst. Dabei ist
es eigentlich ein Buch voller lehrreicher, archetypi-
scher Geschichten: Die dort beschriebenen Ereignisse wiederholen sich ständig in der Geschichte der
Menschheit, auch heute noch, und wer der Ansicht
ist, dass zu viel Gewalt darin vorkommt, den verweise
ich gern auf die Wirklichkeit.

Ein Vater hatte zwei Söhne. Der Jüngere bat den
Vater, ihm schon sein Erbteil zu geben, denn er wollte
in die Welt hinausziehen und sein Glück suchen.
Jahre später kehrte er völlig abgebrannt ins Eltern-
haus zurück, das Geld hatte er verprasst und verhurt.
Furchtsam und reuevoll erschien er vor seinem Vater.
Zu seiner großen Erleichterung drückte der ihn ans
Herz und war außer sich vor Freude über die Wieder-
kehr.

Aber der ältere Sohn, Ida? War der froh, den jüngeren Bruder nach all den Jahren wiederzusehen? Wir
erfahren nicht, wie das Verhältnis der beiden in ihrer
Kindheit war. Während der Jüngere sein Geld durch-

gebracht hatte, hatte der Ältere für den Vater die Felder bestellt und das Vieh versorgt, er hatte all die Jahre tüchtig und rechtschaffen gelebt, und jedermann hatte das für das Normalste von der Welt gehalten. War er eifersüchtig, als er sah, mit welcher Freude sein Vater den jüngeren Bruder willkommen hieß? Empfand er Neid auf das Leben voller Ausschweifungen, das sein Bruder hinter sich hatte, dem man den Genuss zahlloser Freuden ansah? Die Bibel berichtet uns, dass der ältere Sohn mit Groll im Herzen umherging und seinen Vater rundheraus fragte, warum er den Jüngeren, diesen Nichtsnutz, mit offenen Armen empfange, wo er selbst sich doch all die Jahre für ihn abgeplagt habe, was der Vater offenbar für selbstverständlich hielte. Die Antwort war einfach: »Weil er mein Sohn ist!«

Bis dahin stimmt die Geschichte ganz gut mit der Realität überein, und ich kann mich mühelos in die Vaterfigur hineinversetzen. Aber in der Bibel hört die Story hier auf, und der Leser nimmt automatisch an, dass der ältere Bruder sich damit abfand und alle in Frieden und Eintracht weiterlebten.

Aber das kann gar nicht sein, Ida. Der Verfasser dieses Kapitels der Bibel hat sich geschickt aus der Affäre gezogen, er beendet die Geschichte, weil es ihm an psychologischem Sachverstand mangelt. In Wirklichkeit ist der jüngere Sohn nämlich, auch wenn er in der Welt einiges dazugelernt hat, immer noch ein Luftikus, und der Groll des Älteren ist durch die Antwort des Vaters nur noch größer geworden.

Das Christentum basiert auf der Vorstellung von Schuld, Buße und Vergebung. Dem Gläubigen werden drei Optionen geboten: die Hölle, das Fegefeuer und der Himmel. Bedeutet das, dass der Mensch von Natur aus ohne Drohung oder Belohnung von oben kein Moralbewusstsein hätte? Dass das Gewissen als angeborene Fähigkeit, zwischen Gut und Böse zu unterscheiden, nicht existiert?

Woher kommt dann bei einem Atheisten wie mir das Schuldgefühl? Und das Bedürfnis, am Lebensende jemanden ins Vertrauen ziehen zu können, jemanden, dem man erzählen könnte, dass man in entscheidenden Momenten einen Riesenfehler begangen hat?

Wer katholisch ist, tritt demutsvoll in den Beichtstuhl. So ein Ding erinnert an eine Umkleidekabine, freilich eine mit schön anzusehenden Schnitzereien. Er zieht einen Samtvorhang zu und stellt statt des Körpers die Seele bloß. Auch ein Zuhörer ist an dem Ritual beteiligt, ein unsichtbarer Priester in der angrenzenden Kabine. In Büchern und Filmen döst dieser meist ein, wenn er sich die Durchschnittssünden anhört, und wird nur wach, wenn ein attraktiver Knabe Einzelheiten über sein erwachendes sexuelles Interesse beichtet. Doch derjenige, der unter Qualen sein Gewissen erforscht, merkt das nicht. Das macht auch nichts, es genügt, dass ihm jemand zuhört im Namen Gottes, der natürlich anderes zu tun hat.

Es geht um das Bedürfnis, sich auszusprechen, so empfinde ich das auch. Nur bevorzuge ich statt eines anonymen, schlafenden Priesters einen wachen Gesprächspartner in gesetztem Alter, dessen Meinung mir wichtig ist und der mir auch einmal den Kopf wäscht. Jemand, der wie ich einen guten Tropfen zu schätzen weiß, aber trotzdem klar genug bleibt, um seinerseits zu beichten, was er in seinem eigenen Leben im Umgang mit anderen Menschen gern besser gemacht hätte. Ich würde ihn aufmuntern und ihm sagen, dass es nicht um die Menge der Fehler geht, die wir gemacht haben, sondern um die Bereitschaft, uns selbst und die eigenen tieferen Beweggründe zu erforschen, und zwar ohne uns zu schonen. Dass wir, statt in Selbstzufriedenheit zu schwelgen und die Fehler immer bei anderen zu suchen, wenigstens mit der Offenheit und dem Interesse eines Wissenschaftlers unser eigenes Verhalten beurteilen, auch wenn es vielleicht etwas spät dafür ist. Dass wir nun einmal dazu bestimmt sind, von der Geburt bis zum Tod einen Irrtum nach dem anderen zu begehen, und dass allein der Wille, etwas daraus zu lernen, unserem Leben einen Sinn gibt.

So würde ich ihn und indirekt auch mich selbst ein wenig aufrichten. In dem tröstlichen Klima, das auf diese Weise entstanden wäre, würden wir noch einmal nachschenken, und ich würde ihm anvertrauen, dass ich es zutiefst bereue, wie ich damals auf die Nachricht reagiert habe, dass Floortje schon im vierten Monat schwanger war und Bardo Vater werden würde.

Mit mürrischem Gesicht verschanzte ich mich damals hinter Sitzungsprotokollen. Ich errichtete eine Mauer des Zorns um mich, und keines der Kinder wagte es, sich mir zu nähern. Du glaubtest, ich würde mit meinen altmodischen Anstandsnormen ringen. Ich sei auf Bardo wütend, weil er sich weigerte, die Konsequenzen seiner Handlungen zu tragen und das Mädchen, das er geschwängert hatte, zu heiraten. In Wirklichkeit hatte ich nur eine einzige Sorge: Mein bis dahin makelloser Ruf als Schulleiter war in Gefahr. Wenn durchgesickert wäre, was der Sohn des Rektors bei einer Schülerin der Obersekunda angerichtet hatte, einem erst sechzehnjährigen Mädchen, wäre der Teufel los gewesen! Ein unabsehbarer Schaden wäre entstanden. In meinen Angstträumen sah ich vor mir, wie sich die Lehrer ins Fäustchen lachten: Endlich hatten sie etwas, was sie mir vorwerfen konnten! Dass mein eigenes Kind, noch dazu mein Lieblingssohn, mich in eine so verwundbare Position gebracht hatte, versetzte mich innerlich in Rage.

In einem anderen Teil des Hauses saß die schluchzende Floor. Mit einer Hand trocknetest du, Ida, ihre Tränen, mit der anderen mahntest du Bardo zur Ruhe. Für dich waren es noch immer Kinder, für mich waren sie, indem sie ein Kind gezeugt hatten, plötzlich erwachsen geworden. Wer ein Kind machen konnte, so meinte ich, hätte auch die Reife, die Konsequenzen zu tragen.

Ich weiß bis heute nicht, wie du es geschafft hast, als Einzige im Haus einen kühlen Kopf zu behalten. Weißt du was, hast du zu mir gesagt und dich auf meinen Schreibtisch gesetzt, lass uns am Wochenende ans Meer fahren. Wir laufen mit den Füßen durch die Brandung, schauen in den Sonnenuntergang, und du nimmst dein Fernglas mit, denn die Seevögel fliegen jetzt mit Futter für ihre Jungen im Schnabel hin und her. Abends gehen wir schön essen, mit allem Drum und Dran, und nachts tun wir so, als wären wir in den Flitterwochen. Als ob die Fratze noch gar nicht auf der Welt wären und das Leben noch nach allen Seiten hin offen wäre. Und wenn wir Sonntagabend nach Hause kommen, wissen wir auf einmal, was wir tun müssen. So funktioniert das nämlich. Statt sich den Kopf zu zerbrechen und sich mit den Gedanken im Kreis zu drehen, muss man sie loslassen. Man tut einfach so, als wäre das scheinbar unlösbare Problem nicht mehr vorhanden, man interessiert sich nicht mehr dafür. Schließlich verwandelt sich das Problem in eine Lösung, so funktioniert es bei berühmten Erfindern, aber auch bei einfachen Menschen wie dir und mir.

Obwohl in der Schule so kurz vor den Sommerferien noch viel zu tun war, ließ ich mich überreden. Aber auf mich wirkte sich das Wochenende nicht so aus wie auf dich. Ob ich nun mit den Füßen durch die Brandung lief oder durch mein Fernglas schaute, nie konnte ich vergessen, dass ein Montag kommen würde und ein Dienstag, dass eines Tages so oder so durchsickern würde, was geschehen war, denn das Baby wuchs natürlich weiter und würde demnächst deutlich zu sehen sein. Wenn ich auf die aufgesperrten Schnäbel der Vögel blickte, dachte ich an das werdende Leben, das einen großen Tumult verursachen würde. Nie mehr würde meine Position in der Schule wie zuvor sein. Und mein Versuch, unsere Hochzeitsnacht wieder aufleben zu lassen, wurde von dem Gedanken an den Geschlechtsakt meines Sohns mit einem minderjährigen Mädchen überschattet.

Nein, der herrliche Sonnenuntergang hatte das Feuer meiner Wut nur noch mehr geschürt. Ich brauchte nur noch nach Hause zurückzukehren und auf Bardo zu treffen, inmitten dessen, was in meinen Augen eine Orgie war, und es wurde zu einem unkontrollierbaren, alles zerstörenden Brand.

Du kannst ohne Reue an diese Zeit zurückdenken, Ida, du bist ein paar Tage später mit wehenden Haaren in ein Stadtviertel geradelt, in das wir normalerweise nie einen Fuß setzten. Du wolltest das Problem so pragmatisch wie möglich lösen, im Sinne aller beteiligten Parteien. Die Eltern des Mädchens waren ziemlich strenggläubige Protestanten, wenn ich mich recht entsinne. Es gab noch sieben jüngere Geschwister, gehet hin und mehret euch. Nachdem sie sich vom ersten Schreck erholt hatten, kapierten die Eltern schnell, dass dein Vorschlag sie auf elegante Weise vor der Schande und einem Haufen praktischer und finanzieller Probleme bewahren würde. Es war erschütternd, sagtest du, als du wieder zu Hause warst, wie schnell sie sich überreden ließen. Wie leicht sie auf ihre älteste Tochter verzichteten, denn sie machten zur Bedingung, dass Floor sich mit ihrem Kind nie mehr dort sehen lassen dürfe. Auf einem unehelichen Kind könne ohnehin kein Segen ruhen, diese altmodische Wendung benutzten sie.

So verlor Floor ihre Eltern, und wir bekamen gleichsam eine Tochter hinzu. Nicht lange danach änderte sich dieser Status, und sie wurde unsere Schwiegertochter. Etwas zwiespältig, weil Edwin erst im zweiten Jahr seines Wirtschaftsstudiums war, gaben wir zu, dass es eine elegante Lösung war. Die Natur bereut es, sagtest du, sie meint, dass eine unangenehme Überraschung genug ist, sie will sich wieder mit uns versöhnen.

Ohne mir bewusst zu sein, welches Opfer ich dafür gebracht hatte, begann ich erleichtert mit dem neuen Schuljahr. Ich wusste noch nicht, dass Bardo meinen wütenden Ausruf – ich will dich hier nie mehr sehen – so wörtlich nehmen würde. In den Jahren, die folgten, verhärtete sich meine Reue, ja, buchstäblich, ich empfand so viel Reue, dass es immer schwieriger wurde, an den Gegenstand meiner engherzigen Angst und der schrecklichen Folgen zu rühren. Und du hast auch dazu geschwiegen, Ida, hinter meinem Rücken bist du mit Bardo in Kontakt geblieben, während mir die Rolle des Buhmanns vorbehalten war. Buhmann bis ans Ende aller Zeiten. Ich wurde diese Rolle nie mehr los, wie manche Schauspieler, die ihr Leben lang nur die Rolle des Dracula oder des Schurken spielen dürfen.

Und jetzt habe ich alles gesagt, Ida. Du solltest auch etwas haben von dieser Familienkomödie, ich hoffe, du hast dich gut amüsiert.

So wie du es schilderst, ist es mehr eine Tragödie, sagst du, viel zu lachen gibt es da nicht. Du bist viel zu streng mit dir, noch strenger, als du mit anderen warst. Das liegt daran, dass du dich immer viel zu ernst genommen hast. Weißt du, was du jetzt tun solltest? Dich einfach mal ausruhen. Sterben ist furchtbar anstrengend. Und an die neue Umgebung musst du dich auch erst gewöhnen. Such dir schon mal eine Wolke aus, die dir gefällt, ich hol dir inzwischen etwas Ambrosia, du hast sicher Appetit. Ich bin so froh, dass du da bist, du hast mich so lange warten lassen.

Sag mal, Ida… frage ich zögernd, haben sie hier keinen Bokma?

Du siehst mich schweigend an. Dann kicherst du: Hast du tatsächlich geglaubt, es gebe hier Brennereien? Und meinst du, Genever würde dir in deinem gegenwärtigen Zustand bekommen? Diese Lust auf

Genever ist nur eine Erinnerung, die bald verblassen wird. Wie übrigens alle deine Erinnerungen. Soll ich dich mal massieren, so wie früher? Das hat dir immer so gut getan.

Wenn du es nicht verlernt hast nach all den Jahren, murmele ich.

Natürlich nicht. Ach, herrje, was für verkrampfte Nackenmuskeln. Gerlof, entspann dich ein bisschen, willkommen in der Ewigkeit!